Za chlebem
Henryk Sienkiewicz

Za chlebem
Copyright © JiaHu Books 2017
Published in Great Britain in 2017 by JiaHu Books – part of Richardson-Prachai Solutions Ltd, 434 Whaddon Way, Bletchley, MK3 7LB
ISBN: 978-1-78435-223-3
Conditions of sale
All rights reserved. You must not circulate this book in any other binding or cover and you must impose the same condition on any acquirer.
A CIP catalogue record for this book is available from the British Library
Visit us at: jiahubooks.co.uk

I
Na oceanie — Rozmyślanie — Burza — Przybycie   5

II
W Nowym Jorku   33

III
Życie osadnicze   65

I

Na oceanie — Rozmyślanie — Burza — Przybycie

Na szerokich falach oceanu kołysał się niemiecki statek „Blücher", płynący z Hamburga do New Yorku. Od czterech dni był już w drodze, a od dwóch minął zielone brzegi Irlandii i wydostał się na pełnię. Z pokładu, jak okiem dojrzeć, widać było tylko zieloną i szarą równinę, pooraną w bruzdy i zagony, rozkołysaną ciężko, miejscami zapienioną, w dali coraz ciemniejszą i zlewającą się z widnokręgiem pokrytym białymi chmurami. Blask tych chmur padał miejscami i na wodę, a na tym tle perłowym odrzynał się wyraźnie czarny kadłub statku. Kadłub ten, zwrócony dziobem ku zachodowi, to wspinał się pracowicie na fale, to zapadał w głąb, jakby tonął; czasem niknął z oczu, czasem wzniesiony na grzbiecie bałwanu wynurzył się tak, że aż dno było mu widać, a szedł naprzód. Fala płynęła ku niemu, a on ku fali — i rozcinał ją piersią. Za nim, jakby olbrzymi wąż, gonił biały gościniec spienionej wody; kilka mew leciało za sterem, przewracając kozły w powietrzu i kwiląc, jakby polskie czajki.

Wiatr był dobry; statek szedł połową pary, a natomiast rozpiął żagle. Pogoda znaczyła się coraz lepsza. Miejscami pomiędzy poszarpanymi chmurami widać było kawały błękitu nieba, zmieniające kształt ustawicznie. Od chwili jak „Blücher" opuścił port hamburski, czas był wietrzny, ale bez burzy. Wiatr dął ku zachodowi, chwilami jednak ustawał: wówczas żagle opadały z łopotem, aby następnie znowu wydąć się na kształt piersi łabędziej. Majtkowie, poubierani we włóczkowe obcisłe kaftany, ciągnęli linę dolnej rei[1] wielkiego masztu i krzycząc żałośnie: „Ho — ho — o!", pochylali się i prostowali w takt do śpiewu, a wołania ich mieszały się ze świstem piszczałek miczmeńskich[2] i z gorączkowym oddechem komina, wyrzucającego przerywane kłęby lub pierścienie czarnego dymu.

Korzystając z pogody, pasażerowie powysypywali się na pokład. Na tyle okrętu widać było czarne paltoty i kapelusze podróżnych z pierwszej klasy; na przodzie pstrzyła się różnobarwna gawiedź emigrantów jadących pod pokładem. Niektórzy z nich siedzieli na ławkach, paląc krótkie fajki, inni pokładli się, inni poopierani o burty spoglądali na dół w wodę.

Było i kilka kobiet z dziećmi na ręku i blaszanymi naczyniami pouwiązywanymi do pasa; kilku młodych ludzi przechadzało się wzdłuż od dzioba aż do pomostu, chwytając z trudnością równowagę i zataczając się co chwila. Ci śpiewali: „*Wo ist das deutsche Vaterland*[3]?!" i może myśleli, że tego *Vaterlandu* nigdy już nie zobaczą, ale mimo to wesołość nie schodziła im z czoła.

Pomiędzy wszystkimi ludźmi dwoje było najsmutniejszych i jakby od reszty odłączonych: stary mężczyzna i młoda dziewczyna. Oboje, nie rozumiejąc po niemiecku, byli prawdziwie samotni i wśród obcych. Kto oni byli — każdy z nas na pierwszy rzut oka by to odgadł: chłopi polscy.

---

1 poprzeczne drzewce przymocowane do masztu jednostki żaglowej; do rei przyczepiano prostokątny żagiel tzw. rejowy.
2 związany z (należący do itd.) *miczmanem*, tj. starszym kadetem marynarki ang. i amer.
3 gdzie jest niemiecka ojczyzna.

Chłop nazywał się Wawrzon Toporek, a dziewczyna, Marysia, była jego córką. Jechali do Ameryki i przed chwilą po raz pierwszy ośmielili się wyjść na pokład. Na zbiedzonych chorobą ich twarzach malował się przestrach i zdziwienie zarazem. Wylękłymi oczyma spoglądali na towarzyszów podróży, na majtków, na statek, na komin oddychający gwałtownie i na groźne wały[1] wodne, ciskające grzywę piany aż do burt statku. Nie mówili do siebie nic, bo nie śmieli. Wawrzon trzymał się jedną ręką za poręcz, drugą za czapkę rogatą, żeby mu jej wiatr nie zerwał, a Marysia trzymała się tatula i ile razy statek pochylił się mocniej, tyle razy przytulała się do niego silniej, wykrzykując po cichu ze strachu. Po niejakim czasie stary przerwał milczenie:
— Maryś!
— A co?
— Widzisz?
— Widzę.
— A dziwujesz się?
— Dziwuję się.
Ale więcej się jeszcze bała, niż dziwiła; stary Toporek to samo. Szczęściem dla nich, fala zmniejszała się, wiatr ustawał, a przez chmury przedarło się słońce. Gdy ujrzeli „słonko kochane", lżej im się zrobiło na sercu, bo sobie pomyśleli, że „ono takuteńkie jak w Lipińcach". Jakoż wszystko było dla nich nowym i nie znanym, tylko ten krąg słoneczny, jarzący a promienny, wydał im się jakby dawnym przyjacielem i opiekunem.

Tymczasem morze wygładzało się coraz więcej; po niejakim

---

1 fala.

czasie żagle opadły, z wysokiego pomostu rozległa się świstawka kapitana i majtkowie rzucili się je upinać. Widok tych ludzi, zawieszonych jakby w powietrzu nad otchłanią, przejął znów zdumieniem Toporka i Marysię.

— Nasze chłopaki nie potrafiliby tak — rzekł stary.

— Kiej Niemcy wleźli, to i Jaśko by wlazł — odparła Marysia.

— Który Jaśko?... Sobków?

— Gdzieta[1] Sobków. Powiadam Smolak, koniucha.[2]

— On je chwacki,[3] ale ty go sobie z głowy wybij. Ni jemu do ciebie, ni tobie do niego. Ty jedziesz panią być, a on jak był koniuchą, tak się i zostanie.

— On też kolonię ma...

— Ma, to w Lipińcach.

Marysia nie odrzekła nic, pomyślała sobie tylko, że co komu przeznaczone, to go nie minie, i westchnęła tęsknie, a tymczasem żagle były już upięte, natomiast śruba zaczęła tak silnie burzyć wodę, że aż cały statek drżał od jej ruchów. Ale kołysanie ustało prawie zupełnie. W oddali woda wydawała się już nawet gładką i błękitną. Coraz nowe postacie wydobywały się spod pokładu: robotnicy, chłopi niemieccy, próżniacy uliczni z różnych miast nadmorskich, którzy jechali do Ameryki szukać szczęścia, nie pracy; tłok zapanował na pomoście, więc Wawrzyn z Marysią, by nie leźć nikomu w oczy, usiedli na zwoju lin, w samym kątku wedle dzioba.

— Tatulu, długo jeszcze pojedziewa[4] bez wodę? — pytała

---

1 gdzież tam.
2 koniuch; pasterz koni.
3 jest dzielny, dziarski.
4 pojedziemy; daw. starop. forma liczby podwójnej.

Marysia.

— Czy ja wiem. Kogo się spytasz, nikt ci nie odpowie po katolicku.

— A jakże my będziewa[1] w Ameryce się rozmawiać?

— Albo to nie mówili, że tam naszego narodu chmara jest?

— Tatulu!

— Czego?

— Dziwować się, to się i dziwować, ale zawdyk[2] w Lipińcach było lepiej.

— Nie bluźniłabyś po próżnicy.

Po chwili jednak Wawrzon dodał, jakby mówiąc sam do siebie:

— Wola boża!...

Dziewczynie oczy nabrały łzami, a potem oboje zaczęli rozmyślać o Lipińcach. Wawrzon Toporek rozmyślał, dlaczego jechał do Ameryki i jak się to stało, że jechał. Jak się stało? Oto przed pół rokiem w lato zajęli mu krowę z koniczyny. Gospodarz, który ją zajął, chciał trzy marki za szkodę. Wawrzon nie chciał dać. Poszli do sądu. Sprawa przewlokła się do wyroku. Poszkodowany gospodarz żądał już nie tylko za krowę, ale i za koszta jej utrzymania, a koszta rosły z każdym dniem. Wawrzon się upierał, bo żal mu było pieniędzy. Na sam proces wydał już niemało, wlokło się i wlokło. Koszta ciągle rosły. Na koniec przegrał Wawrzon sprawę. Za krowę już się Bóg wie co należało; że zaś nie miał czym zapłacić, zajęli mu konia, a jego za opór skazali do aresztu. Toporek wił się jak wąż, bo żniwa

---

1 będziemy; daw. starop. forma liczby podwójnej zachowana w gwarze.
2 zawsze; tu: jednak.

właśnie nadeszły, więc i ręce, i sprzężaj[1] potrzebne były do roboty. Opóźnił się ze zwózką,[2] potem też zaczęły padać deszcze; zboże porosło mu w snopach, więc pomyślał, że przez jedną szkodę w koniczynie cała jego chudoba[3] pójdzie na marne, że stracił tyle pieniędzy, część inwentarza, całoroczny plon i że na przednówku[4] chyba ziemię będą gryźli oboje z dziewczyną albo pójdą po proszonym chlebie.[5]

Że zaś przedtem chłop był dostatni i dobrze mu się wiodło, zdjęła go tedy rozpacz straszna i począł pić. W karczmie poznał się z Niemcem, co się po wsiach niby o len zamawiał, a w rzeczy samej ludzi za morze wywodził. Niemiec powiadał mu cuda i dziwy o Ameryce. Ziemi obiecywał darmo tyle, ile w całych Lipińcach nie było — i z borem, i z łąkami, a chłopu aż się oczy śmiały. Wierzył i nie wierzył, ale Niemcowi Żyd pachciarz[6] wtórował i mówił, że tam rząd daje ziemi każdemu, „ile by kto strzymał". Żyd to wiedział od swego synowca. Sam Niemiec pokazywał pieniądze, jakich nie tylko chłopskie, ale i dziedzicowe oczy jako żywo nie widziały. Chłopa kusili, aż go skusili. A jemu tu po co zostawać? Toż za jedną szkodę stracił

---

1 ogół zwierząt pociągowych wykorzystywanych w rolnictwie do transportu i pracy na roli.
2 tu: zwiezienie zżętego zboża z pola do stodoły, gdzie było młócone i przechowywane.
3 własność; skromny majątek.
4 okres przed nowymi zbiorami, kiedy już kończą się zapasy z poprzednich plonów; zwykle okres ten wypadał na przełomie zimy i wiosny (przedwiośnie), lecz określenie nie jest precyzyjne i jego konkretne znaczenie zależało zarówno od zamożności gospodarza, jak i sposobu uprawy (np. stosowania lub nie odmian ozimych itp.).
5 zacząć żebrać.
6 dzierżawca.

tyle, że parobka mógłby za to utrzymać. Mali[1] się na zatracenie podawać? Mali wziąć w rękę kij z jeżem[2] i śpiewać pod kościołem „Święta niebieska, Panno anielska"? Nic z tego nie będzie, pomyślał, Niemca dłonią w dłoń uderzył, do świętego Michała[3] się wyprzedał, córkę wziął i oto płynął teraz do Ameryki.

Ale podróż nie znaczyła mu się tak dobrze, jak się spodziewał. W Hamburgu obdarli ich bardzo z pieniędzy; na statku jechali we wspólnej sali pod pokładem. Kołysanie się statku i nieskończoność morska przerażały ich. Nikt go nie mógł zrozumieć, ani on nikogo. Rzucano nimi obojgiem jak rzeczą jaką; popychano go jak kamień przy drodze; Niemcy towarzysze drwili z niego i z Marysi. W porze obiadowej, gdy wszyscy cisnęli się z naczyniami do kucharza rozdającego strawę, ich odpychano na sam koniec, tak że i głodem przyszło nieraz przymrzeć. Było mu na tym statku źle, samotno,[4] obco. Oprócz opieki bożej, nie czuł nad sobą innej. Miną przy dziewczynie nadrabiał, czapkę na bakier przekrzywiał, kazał się dziwić Marysi i sam się dziwił wszystkiemu, ale nie ufał niczemu. Chwilami ogarniała go obawa, że może te „pogany", jak nazywał towarzyszów, w wodę ich oboje wrzucą, może mu każą wiarę zmienić albo papier jaki podpisać, ba, choćby i cyrograf.[5]

---

1 konstrukcja z partykułą -li; znaczenie: czy ma, czyż ma.
2 tj. kij ze skórką jeża na końcu, którym wędrowni żebracy oganiali się od natarczywych psów.
3 tj. do 29 września a. 21 listopada (daty wspomnienia św. Michała Archanioła w kalendarzu chrześcijańskim).
4 dziś: samotnie.
5 zapis duszy diabłu (rodzaj testamentu), zwykle podpisywany

Sam ten statek, który szedł naprzód dzień i noc po bezmiarach morskich, który trząsł się, huczał, pienił wodę, oddychał jak smok, a nocą ciągnął za sobą warkocz iskier ognistych, wydawał mu się jakąś siłą podejrzaną i wielce nieczystą. Dziecinne obawy, choć się do nich nie przyznawał, ściskały mu serce; bo też ten polski chłop, oderwany od ojczystego gniazda, był naprawdę dzieckiem bezradnym i naprawdę był na woli bożej. Przy tym wszystko to, co widział, co go otaczało, nie mogło mu się w głowie pomieścić; więc nic dziwnego, że gdy siedział teraz oto na zwoju lin, głowa ta chyliła się pod brzemieniem ciężkiej niepewności i frasunku. Powiew morski grał mu w uszach i powtarzał jakby słowo: „Lipińce! Lipińce!", czasem też poświstywał jakby lipinieckie fujarki; słońce mówiło: „Jak się masz, Wawrzonie? Byłom w Lipińcach", ale śruba burzyła wodę coraz gwałtowniej i komin oddychał coraz szybciej, głośniej, niby dwa złe duchy, które ciągnęły go dalej i dalej od Lipiniec.

Tymczasem za Marysią płynęły inne myśli i wspomnienia, a płynęły jako on[1] spieniony gościniec lub jak mewy za okrętem. Wspominała oto, jako jesienią, późnym wieczorem, niedługo przed wyjazdem, poszła do studni, do żurawianej,[2] w Lipińcach wodę brać. Pierwsze gwiazdy zamigotały już na niebie, a ona ciągnęła żurawia śpiewając: „Jasio konie poił — Kasia wodę

---
własną krwią.
1 tu: ten.
2 studnia z żurawiem, tj. taka, z której wodę wyciągano za pomocą żurawia, czyli dźwigni, na której jednym ramieniu zawieszone było na sznurze wiadro do czerpania, zaś naciskanie drugiego ramienia pozwalało wydobyć wypełnione wodą wiadro ze studni; archaiczny ten przyrząd został następnie zastąpiony kołowrotkiem.

brała" — i czegoś jej było tak tęskno, jakby jaskółce jakiej, co przed odlotem świergocze żałośnie... Potem spod boru, spod ciemnego, ozwała się przeciągle ligawka...[1] A oto Jaśko Smolak, koniucha, dawał znać, że widzi, jako[2] się żuraw chyli i że zaraz nadjedzie z „potrawów".[3] Jakoż zadudniało, nadjechał, zeskoczył ze źrebca, potrząsnął konopną czupryną, a co jej mówił, to wspominała jakby granie jakie. Przymknęła oczy i zdawało się jej, że Smolak znowu szepce do niej drgającym głosem:

— Kiej się twój tatulo uparli, to i ja zadatek dworski oddam, chałupinę sprzedam, kolonię sprzedam i pojadę. Maryś moja — mówił — gdzie ty będziesz, tam i ja żurawiem w powietrzu polecę, kaczorem wodą popłynę, złotym pierścieniem się po gościńcu potoczę, a znajdę cię, jedyna! Albo dola jakowa bez ciebie? Gdzie ty się obrócisz, tam i ja się obrócę; co się z tobą stanie, to stanie się i ze mną; jedno nam życie i jedna śmierć, a jakom ci tu nad tą wodą studzienną ślubował, tak mnie niech Bóg opuści, jeślić[4] ja cię opuszczę, Maryś moja jedyna!

Wspominając te słowa, Marysia widziała i oną studnię, i miesiąc[5] wielki, czerwony nad borem, i Jaśka jakby żywego. Miała też w tym rozmyślaniu ulgę i pociechę wielką. Jasiek chłop był zawzięty, więc wierzyła, że co rzekł, to spełni. Ot, chciałaby tylko, żeby teraz był przy niej i słuchał z nią razem

---

1 pol. ludowy instrument dęty drewniany, znany od średniowiecza; rodzaj rogu.
2 że.
3 trawa wyrosła na łące już po sianokosach a. ostatni, jesienny pokos siana; również: *otawa*.
4 konstrukcja z partykułą wzmacniającą -ci, skróconą do -ć.
5 księżyc.

morskiego szumu. Z nim by było weselej i raźniej, bo on się nikogo nie bał i radę sobie umiał wszędzie dać. Co on tam robił teraz w Lipińcach, kiedy już pierwsze śniegi spaść musiały? Czy do boru z siekierą pojechał, czy konie obrządzał, czy może go ze dworu z saniami gdzie posłali, czy przeręble na stawie rąbał? Gdzie on jest teraz, serdeczny? Tu dziewczynie uwidziały się Lipińce całkiem takie, jak były: śnieg skrzypiący na drodze, zorza rumiana między czarnymi gałęziami bezlistnych drzew, stada wron ciągnące z krakaniem od boru ku wsi, dymy idące z kominów ku górze, zamarzły żuraw przy studni, a w dali bór od zorzy czerwony i śniegiem przytrząśnięty.

Hej! gdzie to ona teraz była, gdzie ją tatusiowa wola zawiodła! W dali, jak okiem sięgnąć, jeno woda i woda, zielonawe bruzdy i zapienione zagony, a na owych wodnych polach niezmiernych ten jeden okręt, ptak zabłąkany; niebo na górze, pustynia[1] na dole, szum wielki i niby płakanie fal, i poświst wiatru, a tam, przed dziobem statku, chyba dziewiąta ziemia, chyba kraj[2] świata.

Jaśku, niebożę! czy ty tam trafisz za nią, czy sokołem przez powietrze polecisz, czy rybą przez wodę popłyniesz, czy ty o niej myślisz w Lipińcach?

Powoli słońce chyliło się ku zachodowi i zapadało w ocean. Na pomarszczonej fali usłał się szeroki słoneczny gościniec, udzierzgał w łuskę złotą, mienił się, połyskiwał, świecił, płonął i ginął gdzieś na dalekościach. Okręt wpłynąwszy na tę wstęgę ognistą zdawał się gonić uciekające słońce. Dym buchający z

---

1 pustka, miejsce opustoszałe.
2 tu: koniec, kraniec.

komina stał się czerwony, żagle i wilgotne liny różowe, majtkowie zaczęli śpiewać, tymczasem promienny krąg stawał się coraz większy i coraz niżej zapadał w toń. Wkrótce połowę już tylko tarczy widać było nad falą, potem tylko promienie, a potem na całym zachodzie rozlała się jedna wielka zorza i już nie wiadomo było w tych blaskach, gdzie się kończy światłość fal, a zaczyna niebo, powietrze i woda, zarówno nasiąkła światłem, które gasło stopniowo; ocean szumiał jednym wielkim, ale łagodnym szumem, jakby mruczał pacierz wieczorny.

W takich chwilach dusza dostaje skrzydeł w człowieku i co ma pamiętać — pamięta, co ukochał — kocha goręcej, za czym tęskni — do tego leci. Wawrzon i Marysia uczuli też oboje, że choć ich tam wiatr niesie jako liście marne, przecie drzewo ich rodzime to nie ta strona, w którą jechali, ale tamta, z której odjechali: polska ziemia, ona zbożna, jednym łanem się kołysząca, borem zarośnięta, słomianymi strzechami upstrzona, pełna łąk od kaczeńca złotych i wodą świecących, pełna bocianów, jaskółek, krzyżów przydrożnych, białych dworów wśród lip; ona, co czapką rogatą pod nogi ima, słowami: „Pochwalony!" wita, a „Na wieki wieków" odpowiada; ona[1] wielmożna, ona matka najsłodsza, taka poczciwa, ukochana nad wszystkie inne na świecie. Więc czego ich chłopskie serca przedtem nie czuły, to teraz uczuły. Wawrzon zdjął czapkę, światło zachodnie padło na siwiejące włosy; myśl jego pracowała, bo biedak nie wiedział, jak ma Marysi to, co mu się zdawało, powiedzieć; nareszcie rzekł:

---
1 ta.

— Maryś, tak mi się widzi, jakby tam coś zostało za morzem.

— Dola ostała i kochanie ostało — odrzekła cicho dziewczyna, wznosząc oczy jakby do pacierza...

Tymczasem ściemniło się. Podróżni zaczęli schodzić z pokładu. Na okręcie panował jednak ruch niezwykły. Po pięknym zachodzie nie zawsze noc bywa spokojna, dlatego świstawki oficerskie rozlegały się ustawicznie, a majtkowie ciągnęli liny. Ostatnie purpurowe blaski zgasły na morzu, a jednocześnie z wody podniosła się mgła; gwiazdy zamigotały na niebie i zniknęły. Mgła gęstniała w oczach, przesłaniając niebo, widnokrąg i sam okręt. Widać było tylko jeszcze komin i wielki maszt środkowy; postacie marynarzy wydawały się z daleka jakby cienie. W godzinę później wszystko ukryło się w białawym tumanie, nawet latarnia, którą zawieszono na szczycie masztu, nawet iskry, które wydychał komin.

Okręt nie kołysał się wcale. Rzekłby kto, że fala osłabła i rozlała się pod ciężarem mgły.

Noc zapadała prawdziwie ślepa i cicha. Nagle wśród tej ciszy z najdalszych krańców widnokręgu ozwały się dziwne szmery. Był to niby ciężki oddech jakiejś olbrzymiej piersi, który się zbliżał. Chwilami zdawało się, że ktoś wołał z ciemności, potem ozwały się całe chorowody[1] głosów, dalekie, a niezmiernie żałosne i jakby skarżące się płaczliwie. Nawoływania te biegły z ciemni i nieskończoności ku okrętowi.

Majtkowie, słysząc takie gwary, mówią, że to burza zwołuje z piekieł wiatry.

Jakoż zapowiedzi coraz były wyraźniejsze. Kapitan, odziany

---

1 korowód.

w gumowy płaszcz z kapturem, stanął na wyższym pomoście; oficer zajął swe zwykłe miejsce przed oświetlonym kompasem. Na pokładzie nie było już nikogo z podróżnych. Wawrzon z Marysią zeszli także do wspólnej sali pod pokładem. Panowała w niej cisza. Światła lamp umocowanych w bardzo niskim sklepieniu oświetlały ponurym światłem wnętrze i gromadki emigrantów siedzące wedle[1] łóżek przy ścianach. Sala była duża, ale posępna, jak zwykle sala czwartej klasy. Pułap jej schodził się prawie z bokami statku, dlatego owe łóżka na krańcach, poprzedzielane przepierzeniami, podobniejsze były do nor ciemnych niż do łóżek, a i cała sala robiła wrażenie jednej ogromnej piwnicy. Powietrze w niej było przesycone zapachem smolnego płótna, lin okrętowych, ropy morskiej i wilgoci. Gdzie tu szukać porównania z pięknymi salonami pierwszej klasy! Przejazd, choćby dwutygodniowy, w takich salach zatruwa płuca niezdrowym powietrzem, powleka wodnistą bladością skórę na twarzy i często prowadzi za sobą szkorbut.[2] Wawrzon z dziewczyną jechali dopiero dni cztery, a jednak gdyby ktoś porównał dawną Marysię lipiniecką, zdrową, rumianą, z dzisiejszą wynędzniałą przez chorobę, ten by jej nie poznał. Stary Wawrzon też zżółkł jak wosk, ile że przez pierwsze dni nie wychodzili wcale oboje na pokład: myśleli, że nie wolno. Albo zresztą wiedzieli, co wolno, a co nie? Nie śmieli się prawie ruszyć, zresztą bali się odejść od

---

1 wzdłuż.
2 choroba spowodowana długotrwałym niedoborem witaminy C w pożywieniu, objawiająca się m.in. samoczynnymi krwawieniami, zapaleniem dziąseł, wypadaniem zębów, powstawaniem niegojących się ran, ogólnym osłabieniem; inne nazwy choroby to: gnilec, cynga.

rzeczy. Siedzieli i teraz nie tylko oni, ale i wszyscy przy swoich. Takimi węzełkami emigranckimi zarzucona była cała sala, co powiększało jej nieład i smutny widok. Pościel, ubranie, zapasy żywności, rozmaite narzędzia i naczynia blaszane, pomieszane z sobą, rozrzucone były w mniejszych i większych kupkach po całej podłodze. Na nich siedzieli emigranci, prawie sami Niemcy. Jedni żuli tytoń, inni palili fajki. Kłęby dymu odbijały się o niski pułap i układając się w długie pasma przesłaniały światło lamp. Kilkoro dzieci płakało po kątach, ale zwyczajny gwar ustał, bo mgła przejęła wszystkich jakimś smutkiem, obawą i niepokojem. Doświadczeńsi z emigrantów wiedzieli, że wróży burzę. Nikomu zresztą nie było już tajno, że niebezpieczeństwo, a może śmierć się zbliża. Wawrzon i Marysia nie mogli się w niczym zmiarkować, chociaż gdy kto drzwi na chwilę odemknął, słychać było wyraźnie owe dalekie, złowróżbne głosy, idące z nieskończoności.

Siedzieli oboje w głębi sali, w najwęższym jej miejscu, zatem niedaleko dzioba. Kołysanie było tam bardzo dokuczliwe, więc tam wepchnęli ich towarzysze podróży. Stary posilał się chlebem jeszcze lipinieckim, a dziewczyna, której przykrzyło się[1] nic nie robić, zaplatała sobie na noc włosy.

Powoli jednak milczenie ogólne, przerywane tylko płaczem dzieci, zaczęło ją dziwić.

— Czemu to Niemcy tak dziś cicho siedzą? — spytała.

— Czy ja wiem! — odpowiedział jak zwykle Wawrzon — musi to u nich święto jakie albo co...

Nagle statek wstrząsnął się silnie, zupełnie jakby się wzdrygnął

---

1 nudzić się.

przed czymś strasznym. Naczynia blaszane, leżące koło siebie, zadźwięczały posępnie, płomienie w lampach podskoczyły i błysnęły mocniej, kilka wystraszonych głosów poczęło pytać:

— Co to jest? Co to jest?

Ale nie było odpowiedzi. Drugie wstrząśnienie, silniejsze od pierwszego, szarpnęło statkiem; dziób jego podniósł się nagle i równie nagle zniżył, a jednocześnie fala głucho uderzyła w okrągłe okienka jednego boku.

— Burza idzie! — szepnęła przestraszonym głosem Marysia.

Tymczasem zaszumiało coś koło statku jak bór, którym wicher nagle pożenie;[1] zawyło, jakby stado wilków ryknęło. Wiatr uderzył raz i drugi, położył statek bokiem, a później okręcił nim naokoło, porwał go w górę i cisnął nim w otchłanie. Wiązania poczęły skrzypieć, blaszane naczynia, węzełki z rzeczami, tłumoki i narzędzia latały po podłodze, przewalane z kąta w kąt. Kilku ludzi padło na ziemię; pierze z poduszek jęło latać po powietrzu, a szkła w lampach zadźwięczały smutnie.

Rozległ się szum, łoskot, chlupotanie wody przelewającej się przez pokład, targanina statku, krzyk kobiet i płacz dzieci, gonitwa za rzeczami, a wśród tego zamieszania i chaosu słychać było tylko przeraźliwy świst piszczałek i od czasu do czasu głuche tupotanie majtków biegających po górnym pokładzie.

— Panienko Częstochowska! — szeptała Marysia.

Dziób okrętu, w którym oboje byli umieszczeni, wzlatywał w górę, a potem spadał jak szalony. Mimo iż trzymali się krawędzi tapczanów, rzucało nimi tak, że chwilami uderzali o ściany. Ryk fal powiększał się, a skrzypienie pułapu stało się

---

1 forma dokonana 3.os.lp od daw. *żenąć*: wygnać; pogna.

tak przeraźliwe, iż zdawało się, że lada chwila belki i deski pękną z trzaskiem.

— Trzymaj się, Maryś! — krzyczał Wawrzon, aby przekrzyczeć huk burzy, ale wkrótce trwoga ścisnęła za gardło i jego, i innych. Dzieci przestały płakać, kobiety krzyczeć; wszystkie piersi oddychały tylko pośpiesznie, a ręce z wysileniem trzymały się różnych nieruchomych przedmiotów.

Wściekłość burzy rosła ciągle. Rozpętały się żywioły, mgła pomieszała się z ciemnością, chmury z wodą, wicher z pianą; fale biły o statek jak z armat i rzucały nim na prawo, w lewo i od chmur aż do dna morskiego. Chwilami spienione grzywy bałwanów przechodziły całą jego długość; olbrzymie masy wody wrzały jednym straszliwym zamętem.

Olejne lampy zaczęły w sali gasnąć. Robiło się coraz ciemniej, więc Wawrzonowi i Marysi zdawało się, że to już przychodzi ciemność śmierci.

— Maryś! — począł chłop przerywanym głosem, bo mu oddechu brakło — Maryś, odpuść mi, żem cię na zgubę podał. Już nasza ostatnia godzina nadeszła. Nie będziewa[1] my grzesznymi oczyma świata oglądali. Ni nam spowiedź, ni nam pomazanie, ni nam w ziemi leżeć, ino z wody na straszny sąd iść, niebogo.

A gdy tak mówił, Marysia zrozumiała, że nie ma już ratunku. Myśli różne przelatywały jej przez głowę, a w duszy krzyczało coś:

„Jaśku, Jaśku serdeczny, czy ty mnie słyszysz w Lipińcach?!".

---
[1] będziemy; zachowana w gwarze ludowej daw. forma liczby podwójnej.

I żal okrutny ścisnął jej serce tak, że poczęła szlochać głośno. Szlochania rozlegały się w tej sali, gdzie wszyscy ludzie milczeli, jakby na pogrzebie jakim. Jeden głos krzyknął z kąta: „*Still!*"[1], ale umilkł, jakby przestraszony własnym dźwiękiem. Tymczasem szkło lampy znowu upadło na ziemię, a płomień zgasł. Zrobiło się jeszcze ciemniej. Ludzie zbijali się w jeden kąt, by być bliżej siebie. Trwoga milczenia panowała wszędzie, gdy nagle wśród ciszy rozległ się głos Wawrzona:

— Kirie elejzon.

— Chryste elejzon — odpowiedziała łkając Marysia.

— Chryste, wysłuchaj nas!

— Ojcze z nieba, Boże, zmiłuj się nad nami! — mówili oboje litanię. W ciemnej sali głos starego i przerywane łkaniem odpowiedzi dziewczyny brzmiały z dziwną uroczystością. Niektórzy z emigrantów poodkrywali głowy. Powoli płacz dziewczyny ustał, głosy stały się spokojniejsze, czystsze. Z zewnątrz do wtóru im wyła burza.

Nagle krzyk się rozległ między stojącymi bliżej wejścia. Bałwan wybił drzwi i runął na salę: woda z szelestem rozpłynęła się po wszystkich kątach; kobiety poczęły wrzeszczeć i chronić się na łóżka. Zdawało się wszystkim, że to już koniec.

Po chwili wszedł oficer służbowy z latarką w ręku, cały mokry i zaczerwieniony. W kilku słowach uspokoił kobiety, że woda dostała się tylko wypadkiem, potem dodał, że ponieważ statek na pełnym morzu, niebezpieczeństwo nie jest wielkie. Jakoż upłynęła godzina, dwie. Burza srożyła się coraz wścieklej.

---

1 cicho.

Statek skrzypiał, zapadał nosem, osadzał pałubą,[1] kładł się na boki, ale nie tonął. Ludzie uspokoili się po trochu; niektórzy poszli spać. Upłynęło znów kilka godzin; do ciemnej sali przez górne okratowane okno poczęło się wdzierać szare światło. Dzień robił się na oceanie blady, jakby przestraszony, smutny, ciemny; ale przynosił jakąś otuchę i nadzieję. Odmówiwszy wszystkie modlitwy, jakie umieli na pamięć, Wawrzon i Marysia wczołgnęli[2] się na swoje tapczany i usnęli głęboko.

Przebudził ich dopiero głos dzwonka wzywający na śniadanie. Ale nie mogli jeść. Głowy ciążyły im jakby ołowiem; stary jednak czuł się jeszcze gorzej od dziewczyny. W jego skostniałej głowie nie mogło się teraz nic pomieścić. Niemiec, który do Ameryki namawiał, mówił mu wprawdzie, że trzeba jechać przez wodę, ale on nigdy nie myślał, żeby przez tak wielką, że przez tyle dni i nocy. Myślał, że promem przejedzie, jako już nieraz w życiu przejeżdżał. Gdyby był wiedział, że morze tak ogromne, byłby został w Lipińcach. Prócz tego jeszcze jedna myśl kołatała się w nim niespokojnie: oto czy duszy swojej i dziewczyninej na zatracenie nie podawał, czy to nie grzech dla katolika z Lipiniec kusić Pana Boga i puszczać się na takie odmęty, przez które trzeba było już piąty dzień jechać do drugiego brzegu, jeśli w ogóle istniał jaki brzeg z drugiej strony? Wątpliwości jego i strach miały jeszcze rosnąć przez dni siedem; sama burza szalała jeszcze przez czterdzieści osiem godzin, potem jakoś się przetarło. Ośmielili się znów wyjść z Marysią na pokład, ale gdy ujrzeli zwały wody rozkołysanej

---

[1] kadłub.
[2] dziś popr. forma: wczołgali.

jeszcze, czarnej i jakby rozzłoszczonej, owe góry mokre, ciągnące na statek i bezdenne ruchome doliny, znowu pomyśleli, że ich chyba ręka boża albo inna jaka siła, a nie moc ludzka z tych przepaści wyratuje. Wypogodziło się wreszcie zupełnie. Ale upływał dzień za dniem, a przed statkiem ciągle widać było tylko toń i toń bez końca, czasem zieloną, czasem błękitną, zlewającą się z niebem. Po onym niebie przelatywały chwilami wysoko małe, jasne chmury, które poczerwieniawszy wieczorem, kładły się spać na dalekim zachodzie. Okręt gonił za nimi wodą. Wawrzon naprawdę pomyślał, że chyba morze nie kończy się wcale, ale zebrał odwagę i postanowił się pytać.

Razu jednego zdjął rogatą czapkę i podjąwszy nią pokornie pod nogi przechodzącego majtka rzekł:

— Wielmożny panie, a prędko dobijewa[1] do przewozu?

O dziwo! Majtek nie parsknął śmiechem, ale stanął i słuchał. Na posiekanej wiatrem i czerwonej twarzy je go znać było pracę pamięci i jakichś wspomnień, które nie mogły od razu w świadomą myśl się ułożyć... Po chwili spytał:

— *Was?*[2]

— Prędko dobijewa do lądu, wielmożny panie?

— Dwa dni! dwa dni! — powtarzał z trudnością marynarz, pokazując jednocześnie dwa palce.

— Dziękuję pokornie.

— Skąd wy?

— Z Lipiniec.

---
1 dobijemy; zachowana w gwarze daw. forma liczby podwójnej.
2 (niem.) — co.

— Was ist das Lipiniec?[1]

Maryś, która nadeszła w czasie rozmowy, zarumieniła się okrutnie, ale podniósłszy nieśmiało na majtka oczy, rzekła cienkim głosikiem, jako mówią dziewki wiejskie:

— My spod Poznania, proszę pana...

Majtek począł spoglądać w zamyśleniu na mosiężny gwóźdź łączący burty; potem spojrzał na dziewczynę, na jej jasną jak len głowę i coś niby rozrzewnienie wybiło się na jego popękaną twarz.

Po chwili rzekł poważnie:

— Ja byłem w Gdańsku... rozumiem po polsku... Ja Kaszuba... wasz *Bruder*,[2] ale to dawno!... *Jetzt ich bin Deutsch*...[3]

To rzekłszy, podniósł koniec linki, którą poprzednio trzymał w ręku, odwrócił się i wykrzyknąwszy po marynarsku „ho! ho! o!", począł ją ciągnąć...

Odtąd, ilekroć Wawrzon z Marysią byli na pokładzie, ujrzawszy ich, uśmiechał się do Marysi przyjaźnie. Oni też radowali się bardzo, bo przecież mieli jakąś żywą duszę przychylną na tym niemieckim okręcie. Zresztą droga nie miała już trwać długo. Drugiego dnia rankiem, gdy wyszli na pokład, dziwny widok uderzył ich oczy. Oto ujrzeli z dala coś kołyszącego się na morzu, a gdy statek zbliżył się do tego przedmiotu, rozpoznali, że to była wielka czerwona beczka, którą fale poruszały łagodnie: w dali czerniała druga taka, trzecia i czwarta. Powietrze i woda były trochę zamglone, ale niezbyt, przy tym

---

1 (niem.) — co to jest Lipiniec.
2 (niem.) — brat.
3 (niem.) — teraz jestem Niemcem.

srebrne i łagodne, toń gładka, nieszumiąca, ale jak okiem sięgnął, coraz więcej beczek kołysało się na wodzie. Ptactwa też białego z czarnymi skrzydłami chmary całe leciały za statkiem z piskiem i krzykiem. Na pokładzie panował ruch niezwykły. Majtkowie przywdziali nowe kaftany; jedni myli pokład, inni czyścili mosiężne spojenia burt i okien, na maszcie wywieszono jedną chorągiew, a na tyle statku drugą, większą. Ożywienie i radość ogarnęły wszystkich podróżnych. Co tylko żyło, wybiegło na pokład: niektórzy przynosili na wierzch tłumoki i poczęli na nich pasy przyciągać.

Widząc to wszystko, Marysia rzekła:

— Pewnikiem dobijewa do lądu.

Duch lepszy wstąpił w nią i w Wawrzona. Aż tu na zachodzie pokazała się naprzód wyspa Sandy-Hok i druga z wielkim gmachem stojącym w pośrodku, a w dali niby zgęstniała mgła, niby chmura, niby dymy jakieś, pasmami po morzu rozwleczone, niewyraźne, dalekie, zmącone, bezkształtne... Na ich widok powstał gwar wielki; wszyscy wskazywali je rękoma, statek też zaświstał przeraźliwie, jakby z radości.

— Co to jest? — spytał Wawrzon.

— Nowy Jork — odrzekł stojący obok Kaszuba.

Wtem owe dymy poczęły jakby rozstępować się i ginąć, a na ich tle, w miarę jak okręt pruł srebrną wodę, występowały zarysy domów, dachów, kominów; śpiczaste wieże rysowały się coraz wyraźniej na błękicie, obok wież wysokie kominy fabryczne, nad kominami słupy dymów rozwiane w puszyste kiście na górze. Na dole przed miastem las masztów, a na ich szczytach tysiące pstrych chorągiewek, którymi powiew morski migotał jakby kwiatami na łące. Okręt zbliżał się i zbliżał, śliczne miasto wynurzyło się, jakby spod wody. Wielka radość i zdumienie ogarnęły wówczas Wawrzona; czapkę zdjął, usta otworzył i patrzał, patrzał, a potem do dziewczyny:

— Maryś!
— O dla Boga!
— Widzisz?
— Widzę.
— A dziwujesz się?
— Dziwuję się.

Wawrzon jednak nie tylko już podziwiał, ale łaknął. Widząc zielone brzegi po obydwóch stronach miasta i ciemne smugi parków, mówił dalej:

— Ano! Chwalić Boga! Żeby jeno[1] dali ziemię zara kiele[2] miasta z tą ono łączką, bliżej by było na targ. Przyjdzie jarmark: krowę pognasz, świnię pognasz, to i sprzedasz. Narodu tu widać jak maku. Jaże[3] w Polsce chłop, a tu będę pan...

W tej chwili przepyszny National Park[4] rozwinął się przed jego oczyma w całej swej długości. Wawrzon, ujrzawszy owe grupy i bukiety drzew, rzekł znowu:

— Pokłonię się wielmożnemu komisarzowi od rządu nisko, przymówię się zręcznie, żeby mi choć ze dwie włóki tego boru podarował, a na reszcie zbiórkę. Kiej dziedzictwo, to dziedzictwo. Parobka się z drzewem rano do miasta pośle.

---

1 tylko.
2 zaraz; koło, przy; tu: pod.
3 tu: konstrukcja z partykułą wzmacniającą -że.
4 (ang.) — Park Narodowy.

Chwała Najwyższemu, bo widzę, że mnie Niemiec nie zdurzył...[1] Marysi też jakoś się państwo uśmiechało i sama nie wiedziała, czemu do głowy przyszła jej piosenka, jaką w Lipińcach panny młode na weselach panom młodym śpiewały:

Cóżeś to za pan?
Cóżeś to za pan?
Cała twoja sukiencyja[2]
Czapka i żupan.

Czy może już miała zamiar zaśpiewać coś podobnego biednemu Jaśkowi, gdy za nią przyjedzie, a ona będzie już dziedziczką? Tymczasem od kwarantanny[3] przyleciał do okrętu mały statek. Czterech czy pięciu ludzi weszło na pokład. Zaczęły się rozmowy i nawoływania. Wkrótce drugi statek nadpłynął z samego już miasta, przywożąc agentów z hotelów i *boardinghousów*,[4] przewodników, ludzi wymieniających pieniądze, agentów kolejowych: wszystko to krzyczało wniebogłosy, popychało, kręciło się po całym pokładzie. Wawrzon i Marysia wpadli jakby we młyn jaki i nie wiedzieli, co począć.

Kaszuba poradził staremu, by zmienił pieniądze, i obiecał, że nie da go oszukać, więc też Wawrzon to uczynił. Za to, co miał, dostał czterdzieści siedem dolarów srebrem. Nim wszystko to

---
1 oszukać, ogłupić.
2 sukcesja, dziedzictwo.
3 czasowe odosobnienie ludzi, zwierząt, roślin a. towarów, co do których istnieje podejrzenie, że mogą być roznosicielami chorób zakaźnych; kwarantannę stosuje się w celu zapobiegania rozprzestrzenianiu się chorób; także: pomieszczenie, budynek, a niekiedy nawet część miasta portowego służąca odbywaniu kwarantanny.
4 (ang.) — daw. zajazd, gospoda; dziś: bursa, internat.

się odbyło, okręt zbliżył się tak do miasta, że już widać było nie tylko domy, ale i ludzi, stojących na bulwarku,¹ potem mijał co chwila różne statki większe i mniejsze, na koniec dotarł do warfów² i zsunął się w wąski dok³ portowy.

Podróż była skończona.

Ludzie zaczęli wysypywać się ze statku jak pszczoły z ula. Przez wąski mostek, położony od burt do brzegu, płynęła ich ciżba różnobarwna: pierwsza klasa, potem druga, a podpokładowi, obładowani rzeczami, na ostatku. Gdy Wawrzon i Marysia, popychani przez tłum, zbliżyli się do otwartej burty, znaleźli przy niej i Kaszubę. Uścisnął silnie rękę Wawrzona i rzekł:

— *Bruder*, życzę *glucku!*⁴ i tobie, dziewko! Bóg wam dopomóż.

— Panie Boże zapłać! — odrzekli oboje, ale nie było czasu na dłuższe pożegnanie. Ciżba popchnęła ich po pochyłym mostku i za chwilę znaleźli się w obszernym celniczym budynku.

Celnik, ubrany w szary surdut ze srebrną gwiazdą poszczypał ich pakunki, potem krzyknął: „*All right!*"⁵ i ukazał na wyjście.

Wyszli i znaleźli się na ulicy.

— Tatulu! a co będziewa⁶ robić? — spytała Marysia.

— Musiwa⁷ czekać. Niemiec powiedział, że zara tu nadejdzie od rządu komisarz i będzie się o nas pytał.

Stanęli więc pod ścianą, czekając na komisarza, a tymczasem

---

1 bulwar; podmurowana ulica nad wodą; wał nadwodny, falochron.
2 (z ang. *wharf*) — nabrzeże.
3 basen portowy (służący również m.in. do budowy i remontu statków).
4 (niem.) — szczęście.
5 (ang.) — w porządku.
6 będziemy.
7 musimy.

otoczył ich gwar nieznanego, ogromnego miasta. Nie widzieli nigdy nic podobnego. Ulice biegły proste, szerokie, a po ulicach tłumy ludu, jakby w czasie jarmarku; środkiem karety, omnibusy, wozy ładowne. Naokół brzmiała dziwna, nieznana mowa, rozlegały się krzyki robotników i przekupniów. Co chwila przesuwali się ludzie zupełnie czarni o wielkich, kędzierzawych głowach. Na ich widok Wawrzon z Marysią żegnali się pobożnie. Dziwne jakieś wydawało się im to miasto, takie gwarne, hałaśliwe, pełne świstu lokomotyw, hurkotu wozów i nawoływań ludzkich. Wszyscy tam biegli tak prędko, jakby gonili kogoś lub przed kimś uciekali, a jakie przy tym mrowie narodu, jakie dziwne twarze; to czarne, to oliwkowe, to czerwonawe. Właśnie tam, gdzie stali, koło portu panował ruch największy; z jednych okrętów zdejmowano paki i na drugie je wkładano, wozy zajeżdżały co chwila, taczki dudniły po mostkach, rwetes i rozgardiasz panował jak w tartaku.

Upłynęła w ten sposób jedna godzina i druga; oni, stojąc pod ścianą, czekali na komisarza.

Dziwny widok przedstawiał na amerykańskim brzegu w Nowym Jorku ten chłop polski o długich, siwiejących włosach, w rogatej czapce z barankiem i ta dziewczyna z Lipiniec, ubrana w granatową przyjaciółkę, z paciorkami na szyi.

Ludzie jednak przechodzili koło nich, nawet nie spojrzawszy. Tam nie dziwią się żadnym twarzom ani żadnym ubiorom.

Upłynęła znowu godzina. Niebo powlokło się chmurami, zaczął padać deszcz, pomieszany ze śniegiem, od wody zaciągnął zimny, wilgotny wiatr...

Oni stali, czekając na komisarza.

Chłopska natura była cierpliwa, ale coś im zaczęło się robić ciężko na duszy.

Samotnie im było na okręcie, wśród obcych ludzi i pustoszy wodnej, źle i straszno. Modlili się do Boga, by ich przeprowadził jako zbłąkane dzieci przez morskie odmęty. Myśleli, że tylko nogą na ziemi stanąć, a skończy się ich niedola. Teraz oto przyjechali, byli wśród wielkiego miasta, ale w tym mieście wśród gwaru ludzkiego poczuli nagle, że im jeszcze samotniej i straszniej, niż było na okręcie.

Komisarz nie nadchodził. Co poczną, jeśli wcale nie nadejdzie, jeśli Niemiec ich zwiódł?

Zadygotały trwogą na tę myśl biedne chłopskie serca. Co poczną? Po prostu — zginą. Tymczasem wiatr przejmował im odzież, deszcz ich moczył.

— Maryś, czy ci nie zimno? — spytał Wawrzon.

— Zimno, tatulu — odpowiedziała dziewczyna.

Jeszcze jedną godzinę wybiły zegary miejskie. Mroczyło się na świecie. Ruch w porcie ustawał, na ulicach zapalono latarnie: jedno morze rzęsistych świateł zapłonęło w całym mieście. Robotnicy z portu, śpiewając ochrypłymi głosy: *Yankee Doodley*,[1] ciągnęli w mniejszych i większych gromadach do miasta. Powoli bulwark opustoszał zupełnie. Budynek celniczy zamknięto.

Oni stali, czekając na komisarza.

Wreszcie zapadła noc i w porcie zrobiła się cisza. Od czasu do

---

[1] (ang.) — popularna pieśń w Stanach Zjednoczonych; pochodząca jeszcze z XVIII w., z czasów wojny o niepodległość.

czasu tylko ciemne kominy statków rzucały z sykiem snopy iskier, które gasły w ciemnościach, lub zabełkotała fala uderzając o bulwark kamienny. Czasem rozległa się piosnka pijanego majtka, wracającego na okręt, światła lamp bladły we mgle. Oni czekali.

Choćby i nie chcieli czekać, dokąd mieli pójść, co począć, gdzie się obrócić, gdzie przytulić umęczone głowy? Zimno przejmowało ich coraz dotkliwiej, począł dokuczać im głód. Gdyby choć dach im nad głowę, bo przemokli do koszuli. Ach! komisarz nie przyszedł i nie przyjdzie, bo takich komisarzy wcale nie ma. Niemiec był agentem kompanii przewozowej, brał procent od sztuki i o niczym więcej nie wiedział.

Wawrzon uczuł, że nogi chwieją się pod nim, że jakiś olbrzymi ciężar wtłacza go w ziemię, że chyba gniew boży zawisnął nad nim.

Cierpiał i czekał, jak tylko chłop potrafi. Głos dziewczyny, dygocącej od zimna, obudził go jakby z odurzenia...

— Tatulu!
— Cichoj! Nie ma miłosierdzia nad nami!
— Wróćwa do Lipiniec...
— Idź się utop...
— Boże, Boże! — szeptała cicho Marysia.

Wawrzona zdjął żal.

— Sieroto, niebogo!... niechby Bóg zlitował się choć nad tobą... Ale już go nie słyszała. Oparłszy głowę o ścianę, przymknęła powieki. Przychodził sen, przerywany, ciężki, gorączkowy, a we śnie jakby obrazek w ramkach: Lipińce i coś niby piosenka Jaśka koniuchy:

Cóżeś za pani?
Cóżeś za pani?
Cała twoja sukiencyja
Wianek ruciany.

Pierwsze blaski dzienne w porcie nowojorskim padły na wodę, na maszty i na budynek celniczy. W szarym tym świetle odróżnić było można dwie postacie, śpiące pod ścianą, o wybladłych, zsiniałych twarzach, przytrząśnięte śniegiem, nieruchome, jakoby martwe. Ale w księdze ich niedoli pierwsze dopiero kartki zostały odwrócone, dalsze opowiemy następnie.

II

W Nowym Jorku

Schodząc w Nowym Jorku z szerokiej ulicy Broadway ku portowi w kierunku Chattam Square i przeszedłszy kilkanaście ulic przyległych, podróżnik trafia na część miasta coraz biedniejszą, bardziej opuszczoną i posępną. Uliczki stają się coraz węższe. Domy, budowane może jeszcze przez osadników holenderskich,[1] porysowały się i pokrzywiły z biegiem czasu: dachy na nich zaklęsły, tynk poodpadał z murów, same zaś mury zapadły w ziemię tak, że okna suteren zaledwie górnym brzegiem wystają ponad bruk uliczny. Dziwne krzywizny zastępują tu miejsce ulubionych w Ameryce linii prostych; dachy i ściany, niewyciągnięte pod sznur, kupią się i piętrzą jedne nad drugie rozczochraną dachówką.

Z powodu nadbrzeżnego położenia tej części miasta kałuże w wybojach ulicznych nie wysychają tu prawie nigdy, a małe, szczelnie obudowane place podobne są do sadzawek napełnionych gęstą, czarną i stojącą wodą. Okna odrapanych domów ponuro przeglądają się w tej wodzie, której plugawa powierzchnia pstrzy się strzępami papieru, tektury, kawałkami szkła, drzewa i blachy od pak okrętowych; podobnymi

---

1 pierwszymi osadnikami na terenach znajdujących się dziś w obrębie Nowego Jorku (dokładniej: Manhattanu) byli Holendrzy, którzy założyli tu swoją faktorię handlową w 1624 r., odkupując ziemię od plemienia Delawarów (właśc. Lenni Lenape); powstałe wówczas miasteczko nazwano Nowy Amsterdam (w 1626 r.); w 1664 r. Holendrzy, w zamian za wyspę Run na indonezyjskim morzu Banda, przekazali kontrolę nad miastem Anglikom, a na cześć księcia Yorku Jakuba II, któremu król Anglii Karol II Stuart przyznał te ziemie, miasto przemianowano na Nowy Jork.

strzępami zarzucone są całe ulice, a raczej cała pokrywająca je warstwa błota. Wszędzie widać tu brudy, nieład i nędzę ludzką. W tej to dzielnicy znajdują się *boarding-housy*, czyli zajazdy, w których za dwa dolary tygodniowo można dostać nocleg i całkowite utrzymanie; tu także szynkownie, czyli *bar-roomy*, w których wielorybnicy werbują wszelkiego rodzaju drapichrustów na swe statki; pokątne agencje wenezuelskie, ekwadorskie i brazylijskie, celem namawiania do kolonizacji równika i dostarczania febrze przyzwoitej liczby ofiar; garkuchnie żywiące swych gości mięsem solonym, zgniłymi ostrygami i rybami, które zapewne sama woda wyrzuca na piasek; tajne domy gry w kości, pralnie chińskie, rozmaite przytułki dla marynarzy; tu na koniec jaskinie zbrodni, nędzy, głodu, łez.

A jednak część ta miasta ruchliwa, cała bowiem emigracja, która nie znajduje chwilowego nawet pomieszczenia w koszarach Castle-Garden,[1] a nie chce lub nie może pójść do tak zwanych *working-housów*, czyli domów wyrobniczych, skupia się tu, mieszka, żyje i umiera. Z drugiej strony powiedzieć można, że jeśli emigracja jest szumowinami społeczeństw europejskich, to mieszkańcy owych zaułków są szumowinami emigracji. Ludzie ci próżnują po części dla braku roboty, a po części z zamiłowania. Tu też nocami dość często rozlegają się rewolwerowe strzały, wołania o pomoc, ochrypłe

---

1 także: Clinton Garden; wybudowany w 1812 r. fort na południowym cyplu wyspy Manhattan, w obrębie którego w drugiej połowie XIX w. mieściły się zabudowania dla ludności przyjeżdżającej do Stanów Zjednoczonych; w latach 1855–1890 przez miejsce to przewinęło się ponad 8 milionów imigrantów, tj. 2/3 całej ich liczby.

krzyki wściekłości, pijackie śpiewy irlandzkie lub wycia bijących się z sobą na głowy Murzynów. Dniem co chwila całe kółka włóczęgów w obdartych kapeluszach, z fajkami w zębach przypatrują się pięściowym walkom, zakładając się przy tym od centa aż do pięciu za każde wybite oko. Dzieci białe i małe Murzynki o kręconych czuprynach, zamiast spędzać czas w szkole, włóczą się po ulicach, klekocąc kawałkami żeber wołowych lub szukając w błocie resztek warzywa, pomarańcz i bananów; wychudłe kobiety irlandzkie wyciągają ręce do lepiej ubranego przechodnia, jeśli się tam zabłąka.

W takiej gehennie[1] ludzkiej odnajdujemy dawnych znajomych naszych: Wawrzona Toporka i córkę jego, Marysię. Dziedzictwo, którego się spodziewali, było snem i jak sen pierzchło, a rzeczywistość przedstawia się nam oto w kształcie ciasnej izby, zaklęśniętej w ziemi, o jednym oknie z powybijanymi szybami. Na ścianach izby czernieje plugawa pleśń i smugi wilgoci; przy ścianie stoi zardzewiały i dziurawy piecyk żelazny i stołek o trzech nogach; w kącie trochę słomy jęczmiennej zastępuje łóżko.

To wszystko. Stary Wawrzon, klęcząc przed piecykiem, szuka, czy w wygasłym popiele nie schował się gdzie jaki kartofel, i do tego szukania wraca co chwila nadaremnie już... drugi dzień; Marysia zaś siedzi na słomie i otoczywszy rękoma kolana, patrzy nieruchomie w podłogę. Dziewczyna chora jest i wynędzniała. Ta sama to niby Marysia, ale jej rumiane niegdyś policzki zapadły głęboko, cera stała się blada i chorobliwa, cała twarz jakby drobniejsza niż dawniej, a oczy wielkie

---
1 piekło.

i zapatrzone. Znać na jej twarzy wpływ zgniłego powietrza, zgryzot i nędznego pożywienia. Żywili się tylko kartoflami, ale od dwóch dni już i kartofli zabrakło. Wcale teraz nie wiedzą, co robić będą i czym żyć dalej. Trzeci miesiąc upływa, jak mieszkają na bruku i siedzą w tej jamie, więc pieniędzy zabrakło. Stary Wawrzon próbował o robotę pytać, ale nie zrozumiano nawet, czego chce; chodził do portu dźwigać pakunki i ładować węgiel na okręty, ale nie miał taczek, a zresztą Irlandczycy podbili mu zaraz oczy; chciał się z siekierą do budowy doków przyczepić, podbito mu znowu oczy. Przy tym co to za robotnik, który nie pojmuje, co do niego mówią?! Gdzie wetknął ręce, do czego chciał się wziąć, dokąd się udał, wyśmiewano go, odpychano, potrącano, bito: więc nic nie znalazł, znikąd grosza nie mógł zarobić ani wyprosić. Włosy zbielały mu ze zgryzoty, wyczerpała się nadzieja, skończyły się pieniądze, a zaczynał się głód.

W kraju, między swoimi, gdyby i stracił wszystko, gdyby znękała go choroba, gdyby dzieci wygnały go z chałupy, to... kosztur by mu tylko wziąć do ręki, stanąć pod krzyżem na rozdrożu albo przy drzwiach jakiego kościoła i śpiewać: „Boże łaskawy, przyjmij płacz krwawy". Pan by przejeżdżał, dałby dziesiątkę; pani z powozu dziecko by wysłała z pieniądzem w różanej rączce i z wielkimi wpatrzonymi w dziada oczyma; chłop by pół bochenka chleba dał, baba szperkę i można by żyć, choćby jak ptak, który ani sieje, ani orze. Przy tym jakby tak pod krzyżem stał, miałby nad sobą jego ramiona, w górze niebo, a naokoło pola i w onej ciszy wiejskiej Pan Bóg usłyszałby jego śpiewanie. A tu w tym mieście huczało coś tak strasznie, jakby w jakiejś wielkiej maszynie, tak każdy rwał się naprzód, tak patrzał tylko przed siebie, że cudzej niedoli nikt nie dojrzał. Tu głowę zawrót po prostu brał, ręce opadały, oczy nie mogły pomieścić wszystkiego, co w nie lazło, a myśl jedna drugiej dogonić. Tu wszystko było jakieś dziwne, obce, odtrącające i takie rozpędzone, że każdy, co się nie umiał w tym wirze kręcić, musiał wylecieć z koliska i rozbić się siłą pędu jako gliniany garnek. Hej! co za różnica! Oto w spokojnych Lipińcach Wawrzon był gospodarzem i ławnikiem, kolonię miał, szacunek ludzki, pewną łyżkę strawy każdego dnia; w niedzielę przed ołtarz ze świecą wychodził; a tu był ostatni między wszystkimi, był jak pies przybłęda na cudzym podwórku, nieśmiały, drżący, skulony i zgłodniały. W początkowych dniach niedoli często wspomnienia mówiły: „Lepiej ci było w Lipińcach". Sumienie krzyczało: „Wawrzon, czemuś opuścił Lipińce?" Czemu? Bo go Bóg opuścił. Niósłby chłop swój krzyż, cierpiałby, gdyby przed nim był gdzieś koniec onej drogi krzyżowej; wiedział jednak dobrze, że każdy dzień będzie coraz sroższym dopustem i każdego ranka słońce coraz większą nędzę jego i dziewczyniną oświeci. Więc co? Mali[1] ukręcić powróz, zmówić pacierz i powiesić się? Chłop nie mruży oczu przed śmiercią, ale co się stanie z dziewczyną? Gdy o tym wszystkim myślał, to czuł, że go nie tylko Bóg opuścił, ale i rozum opuszcza. Nie było żadnego światła w tej ciemności, którą przed sobą widział, a największego bólu nawet nazwać nie umiał.

Tym największym była tęsknota za Lipińcami. Dręczyła go

---
1 tu: konstrukcja z partykułą -li; znaczenie: czy ma, czyż ma.

dniem i nocą, a dręczyła tym straszniej, że nie wiedział, co to jest, czego mu trzeba, do czego się dusza w nim chłopska rwie i wije z męki: a jemu potrzeba było boru sosnowego, pól i chałup słomą krytych, i panów, i chłopów, i księży, i tego wszystkiego, nad czym się szmat rodzinnego nieba zwiesza, a do czego jak serce przywrze, to się nie oderwie, a oderwie się, to się krwawi. Chłop czuł, że go coś jak w ziemię wgniata. Chwilami rad by był porwać się za włosy i głową tłuc o mur albo rzucić się na ziemię, albo wyć jak pies na łańcuchu, albo wołać niby w obłąkaniu — kogo? — sam nie wiedział. Oto już gnie się pod tym nieznanym brzemieniem, już opada, a tu miasto obce huczy i huczy; on jęczy i wzywa Jezusa, a tu krzyża nigdzie nie ma, nikt nie odpowiada, tylko miasto huczy i huczy, a na tapczanie siedzi dziewczyna z oczyma wpatrzonymi w ziemię, zgłodniała i cierpi cicho. Dziwna rzecz! Siedzieli z dziewczyną ciągle razem i często po całych dniach jedno ani słowem nie ozwało się do drugiego. Żyli jakby w urazie wielkiej. Źle i ciężko im było tak żyć, ale o czymże mieli mówić? Ran jątrzących się lepiej nie tykać. Chyba o tym, że nie ma już pieniędzy w kieszeni ani kartofli w piecu, ani rady w głowie. Pomocy też nie doznali od nikogo. Polaków żyje w Nowym Jorku bardzo wielu, ale zamożniejszy nikt nie mieszka w okolicach Chattam Square, W drugim tygodniu po przybyciu poznali wprawdzie dwie rodziny polskie, jedną ze Śląska, drugą spod samego Poznania, ale i one już od dawna głodem marły. Ślązakom umarło już dwoje dzieci, trzecie było chore, a jednak od dwóch tygodni już sypiało wraz z rodzicami pod arkadą mostu, wszyscy zaś żywili się tylko tym, co na ulicach znaleźli.

Później też wzięto ich do szpitali i nie wiadomo, co się z nimi stało. Drugiej rodzinie równie źle się działo, a nawet gorzej jeszcze, bo ojciec pił. Marysia ratowała kobietę, póki mogła, ale teraz sama potrzebowała poratowania. Mogli wprawdzie oboje z ojcem udać się do kościoła polskiego do Hoboken.[1] Ksiądz by przynajmniej dał innym o nich znać, lecz alboż wiedzieli, czy jest jaki kościół lub jaki polski ksiądz, alboż mogli się z kim rozmówić, kogoś zapytać? W ten sposób każdy wydany cent był dla nich jakby stopniem po schodach prowadzących w otchłań nędzy.

Siedzieli w tej chwili, on przy piecyku, ona na słomie. Upłynęła jedna godzina i druga. W izbie robiło się coraz ciemniej, bo choć to było w południe, ale mgła wstawała z wody, jako zwyczajnie wiosenną porą, mgła ciężka, przejmująca. Mimo że na dworze było już ciepło, oboje drżeli w izbie od chłodu; wreszcie Wawrzon stracił nadzieję, żeby co znalazło się w popiele.

— Maryś! — rzekł — nie mogę już wytrzymać i ty nie wytrzymasz; pójdę nad wodę drzewa nałapać; napaliwa[2] choć w piecu, a może znajdę co zjeść.

Nie odrzekła nic, więc poszedł. Nauczył się już chodzić do portu i wyławiać kawałki desek od pak i skrzyń okrętowych, które woda na brzeg wyrzuca. Tak robią wszyscy, którzy nie mają za co węgla kupić. Często go tam poszturchali przy tym połowie, ale często nie; czasami trafiało się znaleźć i co do zjedzenia, jakie resztki zepsutego warzywa wyrzucanego ze statków, a przy tym, gdy ot, chodził tak we mgle i szukał czego nie

---

1 dzielnica Nowego Jorku oddzielona od Manhattanu rzeką Hudson.
2 napalimy.

zgubił, to chwilami zapominał o swej niedoli i o tej tęsknocie, która go najbardziej ze wszystkich trawiła. Przyszedł wreszcie nad wodę, a że to była pora *lunchu*,[1] więc nad brzegiem kręciło się tylko kilku małych chłopaków, którzy zaczęli wprawdzie zaraz krzyczeć na niego, rzucając czarnym błotem i muszlami, ale nie mogli go obić. Deszczułek różnych kołysało się sporo na wodzie: jedna fala je przynosiła, druga odnosiła na głębię. Wkrótce nałapał ich dosyć.

Chwiały się także kupki jakiejś zieloności na fali; może było w nich i co do zjedzenia, ale jako lżejsze, nie przypływały do brzegu, więc ich nie mógł dostać. Chłopaki rzucali na nie sznury i w ten sposób przyciągali je do siebie; on, że sznura nie miał, więc tylko patrzał chciwie, czekał, aż chłopcy odejdą i przeszukiwał resztki jeszcze raz, zjadając, co mu się zdatne do zjedzenia wydało. O tym, że dziewczyna także nie jadła, nie myślał.

Ale los miał mu się uśmiechnąć. Wracając do domu, spotkał wielki wóz z kartoflami, który w drodze do portu ugrzązł w wyboju i nie mógł się ruszyć. Wawrzon schwycił zaraz za szprychy i zaczął z woźnicą pchać koła. Ciężko było, aż go w krzyżach zabolało, ale wreszcie konie szarpnęły, wóz wyskoczył, a że był czubiasto ładowny, wysypało się z niego sporo kartofli i wpadło w błoto. Woźnica ani myślał ich zbierać, podziękował Wawrzonowi za pomoc, krzyknął: „*Get up!*"[2] na konie i pojechał.

Wawrzon rzucił się natychmiast na kartofle, pozbierał je

---

1 (ang.) — posiłek jedzony około południa.
2 (ang.) - wstawaj; tu: ruszaj, jazda.

łapczywie drżącymi rękoma, schował w zanadrzu i zaraz lepsza otucha wstąpiła mu w serce. W głodzie znaleziony kawałek chleba znalezionym szczęściem się wydaje; więc chłop, wracając do domu, mruczał cicho:

— Ano, Bogu najwyższemu niech będą dzięki, że wejrzał na niedolę naszą. Drzewo jest, dziewczyna ogień rozpali; gajdoków je[1] tyla, że na dwa razy wstrzyma. Pan Bóg je miłosierny. W izbie zaraz zrobi się raźniej. Dziewczyna też półtora dnia nie jadła, to się uraduje. Pan Bóg je miłosierny!

Tak rozprawiając, dźwigał jedną ręką deski, drugą badał co chwila, czy kartofle nie wypadają mu z zanadrza. Skarb niósł wielki, więc podnosił oczy z wdzięcznością ku niebu i znowu mruczał:

— Myślałem se: ukradnę — a tu bez kradzenia z wozu spadło. Nie jedliśwa, to będziewa jedli. Pan Bóg je miłosierny! Maryśka zaraz ze słomy wstanie, jak się dowie, że mam gajdoki.

Tymczasem Marysia od czasu jego wyjścia nie ruszała się ze słomy. Bywało, że jak Wawrzon przynosił rano drzewa, to napaliła w piecyku, przyniosła wody, zjadła, co było, a potem całymi godzinami wpatrywała się w ogień. Szukała i ona w swoim czasie roboty. Najęto ją nawet do jednego *boardinghousu* do pomywania garnków i zamiatania, ale że się nie mogli z nią rozmówić, że źle spełniała polecenia, nie rozumiejąc ich, więc ją wypędzili we dwa dni. Potem niczego już nie szukała i nic nie znalazła. Po całych dniach siadywała w domu, bojąc się wyjść na ulicę, bo tam ją zaczepiali Irlandczycy i pijani majtkowie. Przez to próżnowanie była jeszcze nieszczęśliwsza.

---
1 ziemniak; jest.

Tęsknota zgryzła ją jak rdza żelazo. Była nawet nieszczęśliwsza od Wawrzona, gdyż do głodu, do tych wszystkich utrapień, jakie znosiła, do tego przekonania, że nie ma dla nich rady ani ratunku, ani jutra, do strasznej tęsknoty za Lipińcami dorzuciła jeszcze ciężaru myśl o Jaśku koniusze. Ślubował on jej wprawdzie i mówił: „Gdzie ty się obrócisz, i ja się obrócę", ale ona jechała wtedy dziedziczką i panią być, a teraz jakże zmieniło się wszystko!

On był parobkiem dworskim, miał i swoją kolonię po ojcach, a ona stała się taką biedną, taką głodną jak mysz w lipinieckim kościele. Czy przyjedzie? a choćby i przyjechał, to przygarnieli[1] ją do piersi? powieli:[2] „Chudziątko moje serdeczne?". Czy też: „Idź precz, dziadowa córko!"? Jakież to teraz jej wiano? Łachmany. Psy by na nią i w Lipińcach szczekały, a jednak tak tam coś ciągnie, że ot! dusza rada by wylecieć z niej i lecieć jaskółką nad wodami i choćby umrzeć, byle tam. Tam on, Jaśko, pamiętny czy niepamiętny, ale umiłowany bardzo; tylko przy nim byłby spokój i radość, i wesele, ze wszystkich ludzi przy nim jednym w świecie.

Gdy ogień w piecyku był i głód nie tak jak dziś dokuczał, to płomienie, sycząc, strzelając iskrami, podskakując, migocąc, mówiły dziewczynie o Lipińcach i przypominały, jako dawniej z innymi dziewczynami siadywała w czworakach przy kądzieli. Jaśko, wyglądając z alkierza, wołał: „Maryś! Pójdziewa[3] do księdza, boś mi miła!". Ona mu zaś odpowiadała: „Cichaj,

---

1 konstrukcja z partykułą -li; znaczenie: czy przygarnie.
2 konstrukcja z partykułą -li; znaczenie: czy powie.
3 pójdziemy; tu: pójdźmy.

zbereźniku!" i tak jej było dobrze, tak wesoło w duszy, jak i wówczas gdy on ją do tańca z kąta na środek izby przemocą ciągnął, a ona zasłoniwszy oczy rękoma szeptała: „Idźże precz, bo się wstydam!". Gdy jej to czasem przypominały płomienie, to łzy zalewały jej twarz; ale teraz jak ognia w piecyku, tak i łez w oczach nie było, bo ile łez miała, tyle wypłakała. Czasem jej się też zdało, że spływają do piersi i tam ją duszą. Czuła zmęczenie wielkie i wyczerpanie, brakło jej siły nawet do rozmyślań; ale zresztą cierpiała pokornie, patrząc tylko przed siebie wielkimi oczyma, jak ptak, którego męczą.

W ten sposób spoglądała i teraz, siedząc na słomie. Tymczasem ruszył ktoś drzwiami od izby. Marysia w mniemaniu, że to ojciec, nie podniosła głowy, dopiero obcy głos ozwał się:

— Look here!¹

Był to właściciel rudery, w której mieszkali, stary Mulat o twarzy posępnej, brudny, obdarty, z policzkami wypchanymi tytoniem.

Ujrzawszy go, dziewczyna zlękła się bardzo. Powinni byli zapłacić dolara na następny tydzień, a nie mieli już ani centa. Mogła tylko pokorą nadrobić, więc zbliżywszy się ku niemu, podjęła go cicho pod nogi i pocałowała w rękę.

— Przychodzę po dolara! — rzekł.

Zrozumiała wyraz „dolar" i potrząsając głową, mieszając wyrazy, a zarazem patrząc błagalnie, starała się dać do zrozumienia, że już wydali wszystko, że drugi dzień nic nie jedzą, że są głodni i żeby zmiłował się nad nimi.

— Bóg wielmożnemu panu zapłaci — dodała po polsku, nie

---
1 (ang.) patrz tutaj

wiedząc już, co mówić i robić.

Wielmożny pan nie zrozumiał wprawdzie, że jest wielmożnym, ale domyślił się, że dolara nie dostanie; domyślił się nawet tak dobrze, że pozbierawszy jedną ręką węzełki z ich rzeczami, drugą wziął dziewczynę za ramię, popchnął lekko w górę na schody, wyprowadził na ulicę i rzuciwszy jej pod nogi rzeczy, potem z równą flegmą uchylił drzwi przyległego szynku i zawołał:

— Hej, Paddy, jest izba dla ciebie.

— *All right!* — odpowiedział jakiś głos ze środka. — Przyjdę na noc.

Mulat zniknął następnie w ciemnej sieni, a dziewczyna została sama na ulicy. Ułożyła węzełki we framudze domu, by się nie walały w błocie i stanąwszy przy nich, czekała pokorna jak zawsze i cicha.

Pijani Irlandczycy, którzy przechodzili ulicą, nie zaczepiali jej tym razem. W izbie było ciemno, ale na ulicy, widno bardzo i przy tym świetle twarz dziewczyny wydawała się tak wynędzniała, jakby po wielkiej jakiej chorobie. Tylko jasne lniane włosy pozostały jak dawniej, wargi za to miała zsiniałe, oczy wpadłe i podkute, kości wystawały jej z policzków. Wyglądała jak kwiat, który więdnie, albo jak dziewczyna, która ma umrzeć.

Przechodzący spoglądali na nią z pewnym rodzajem politowania. Stara Murzynka zapytała ją o coś, ale nie otrzymawszy odpowiedzi poszła dalej, urażona.

Tymczasem Wawrzon zdążał do domu z tym dobrym uczuciem, jakie w bardzo biednych ludziach budzi jawny dowód miłosierdzia bożego. Miał oto kartofle, myślał, jak będą jedli, jak jutro znów będzie chodził koło wozów, a o pojutrzu nie myślał w tej chwili, bo był zbyt głodny. Ujrzawszy z daleka dziewczynę, stojącą na bruku przed domem, zdziwił się mocno i przyśpieszył jeszcze kroku.

— A ty tu czego stoisz?

— Gospodarz wygnał nas, tatulu!

— Wygnał?!

Drzewo chłopu wypadło z rąk. Tego już było nadto. Wygnać ich w tej chwili, gdy było drzewo i kartofle! Co teraz zrobią, gdzie je upieką, czym się pożywią, dokąd pójdą? Za drzewem grzmotnął Wawrzon i czapkę w błoto.

— Jezu! Jezu! — okręcił się naokoło, otworzył usta, spojrzał błędnie na dziewczynę i powtórzył jeszcze raz:

— Wygnał?...

Potem niby chciał gdzieś iść, ale zawrócił zaraz, a głos jego stał się głuchy, chrapliwy i groźny, gdy rzekł znowu:

— Czemuś go nie prosiła, ciemięgo?

Ona westchnęła:

— Prosiłam.

— Pod nogi go podjęłaś?

— Podjęłam.

Wawrzon znowu okręcił się na miejscu jak robak, którego ktoś przekłuje. Zrobiło mu się w oczach ciemno zupełnie.

— Bogdajeś zmarniała! — krzyknął.

Dziewczyna spojrzała na niego boleśnie.

— Tatulu! cóżem ja winna?

— Stój no tu, ani się rusz. Pójdę ja go prosić, żeby choć gajdoki dał upiec.

Poszedł. Po chwili w sieni dał się słyszeć hałas, tupotanie nóg, podniesione głosy, a potem na ulicę wyleciał Wawrzon, pchnięty widocznie silną ręką.

Chwilkę stał, potem rzekł do dziewczyny krótko:

— Pójdź!

Schyliła się po węzełki, by je zabrać. Były dość ciężkie jak na jej wyczerpane siły, ale on jej nie pomógł, jakby zapomniał, jakby nie wiedział, że dziewczyna zaledwie je udźwignąć może.

Poszli... Dwie tak nędzne postacie starca i dziewczyny zwracałyby uwagę przechodniów, gdyby ci przechodnie mniej byli przyzwyczajeni do widoków nędzy. Dokąd mogli iść? W jaką jeszcze ciemność, w jaką jeszcze niedolę, w jaką jeszcze mękę?

Oddech dziewczyny stawał się coraz trudniejszy, cięższy; zachwiała się na nogach raz i drugi, wreszcie rzekła z prośbą w głosie:

— Tatulu! weźta[1] szmaty, bo już nie mogę.

On jakby się obudził ze snu.

— To je rzuć.

— Dyć[2] się przydadzą.

— Nie przydadzą się.

Nagle ujrzawszy, że dziewczyna się waha, krzyknął z wściekłością:

— Rzuć, bo cię zabiję!

Tym razem usłuchała przestraszona i poszli dalej. Chłop kilka

---

1 weźcie.
2 przecież.

razy powtórzył jeszcze: „Kiej tak, to niech tak będzie!" — potem umilkł, ale coś niedobrego patrzało mu z oczu. Przez coraz błotnistsze uliczki zbliżali się ku krańcowi portu, wydostali się na wielkie pomosty, oparte na palach; przeszli około budynku z napisem: „Sailor's asylum"[1] i zeszli nad samą wodę. Budowano w tym miejscu nowy dok. Wysokie rusztowania do zapuszczania palów wysuwały się daleko nad wodę, a między deskami i belkami kręcili się ludzie zajęci przy budowie. Marysia, doszedłszy do kupy belek, siadła na niej, bo nie mogła iść dalej, Wawrzon w milczeniu koło niej.

Godzina już była czwarta po południu. Cały port wrzał życiem i ruchem. Mgła też opadła, a pogodne promienie słońca obrzucały światłem i miłosiernym ciepłem dwoje nędzarzy. Z wody szło tchnienie wiosny na ląd, rzeźwe, pełne życia, wesołe. Naokoło tyle było błękitu i światła, że aż oczy mrużyły się pod ich nadmiarem. Toń morska w dali zlewała się wdzięcznie z niebem. W tych błękitach bliżej środka portu widać było sterczące spokojnie maszty, kominy i chorągiewki falujące lekko od powiewu. Na widnokręgu okręty płynące do portu zdawały się iść jakby w górę lub jakby spod wody wysuwać. Porozpinane i wydęte ich żagle w kształcie chmurek, całe w promieniach, lśniły oślepiającą białością na lazurze wodnym. Inne statki odchodziły na ocean, pieniąc za sobą wodę. Szły w stronę, gdzie leżały Lipińce, więc dla nich dwojga utracone szczęście, więc dola lepsza, więc uspokojenie. Myślała też sobie dziewczyna, czym mogli tak bardzo zgrzeszyć, co przeciw Panu Bogu uczynić, że On, taki miłościw, od nich

---
1 schronisko dla marynarzy.

samych tylko odwrócił oblicze swoje i zapomniał o nich wśród obcych ludzi, i rzucił ich na ten brzeg daleki. Toć w jego ręku było im wrócić szczęście. Tyle przecie statków odpływa w tamtą stronę, a odpływa bez nich. Zmęczona, biedna myśl Marysi jeszcze raz poleciała w stronę Lipiniec i Jaśka koniuchy. Czy tam myśli o niej, czy o niej pamięta? Ona pamięta, bo w szczęściu się tylko zapomina, w niedoli zasię, w osamotnieniu myśl tak obwija się koło ukochanych jak chmiel koło topoli. Ale on? Może pogardził dawnym ukochaniem i swaty już posłał do innej chałupy. Przecie by mu nawet wstyd było myśleć o takiej nędzarce, która prócz wianka, prócz rucianego, nic nie ma na świecie i po którą, jeśli kto przyśle swaty, to chyba śmierć.

Ponieważ była chora, więc głód nie dokuczał jej bardzo, ale z męki i osłabienia sen ją ogarniał, powieki zamykały się na oczach, a wybladła twarz chyliła się na piersi. Chwilami budziła się i otwierała oczy, potem przymykała je znowu. Śniło się jej, że błądząc po jakichś rozpadlinach i przepaściach, wpadła, jak owa Kasia z chłopskiej piosenki, w „Dunajec głęboki" i zaraz usłyszała wyraźnie jakby dalsze śpiewanie:

Zobaczył to Jaśko na wysokiej górze.
Spuścił się do Maryś po jedwabnym sznurze;
Ale sznur był krótki, z łokieć go nie staje:[1]
Marysia nieboga warkocza dodaje.

Tu nagle zbudziła się, bo zdawało się jej, że warkocza już nie ma i że leci w przepaść. Sen pierzchnął. Nie Jaśko siedział przy niej, ale Wawrzon, i nie „Dunajec" było widać, ale port nowojorski,

---

1 nie starczać.

warfy, rusztowania, maszty i kominy. Znowu jakieś okręty wypływały na pełnię i z nich to właśnie dochodziło śpiewanie. Cichy, ciepły, pogodny wieczór wiosenny zaczynał czerwienić się na wodzie i na niebie. Toń stała się zwierciadlana, każdy okręt, każdy pal tak odbijał, jakby drugi był pod spodem, i ślicznie było naokoło. Jakaś szczęśliwość i ukojenie wielkie rozlane były w powietrzu; zdawało się, że cały świat się raduje, tylko ich dwoje było nieszczęsnych i zapomnianych; robotnicy zaczęli wracać do domów, tylko ich dwoje nie miało domu.

Coraz większy głód żelazną ręką zaczynał szarpać wnętrzności Wawrzona. Chłop siedział ponury i chmurny, ale coś jakby straszliwe postanowienie zaczęło się malować na jego twarzy. Kto by na nią spojrzał, ten by się przestraszył, bo twarz ta miała wyraz zwierzęcy i ptasi z głodu, a zarazem tak rozpaczliwie spokojny, jakby u człowieka umarłego. Przez cały czas nie odezwał się do dziewczyny ani słowem, dopiero gdy nastała noc, gdy port opustoszał zupełnie, rzekł dziwnym głosem:

— Pójdźwa, Maryś!

— Dokąd pójdziewa? — pytała sennie.

— Na owe pomosty nad wodę. Położywa[1] się na deskach i będziewa spali.

Poszli. W ciemności zupełnej musieli pełzać bardzo ostrożnie, by nie wpaść w wodę.

Amerykańskie wiązania z desek i belek tworzyły liczne zakręty i jakby korytarzyk drewniany, na którego końcu znajdowała się platforma z desek, za nią zaś taran do zabijania pali. Na tej platformie, pokrytej daszkiem dla ochrony od deszczu, stawali

---

1 położymy.

ludzie ciągnący sznury od tarana, ale teraz nie było tam nikogo. Gdy doszli na sam jej kraniec, Wawrzon rzekł:

— Tu będziewa spali.

Marysia padła raczej, niż położyła się, na deski i mimo że zaraz opadły ich roje moskitów, usnęła ciężko.

Nagle wśród nocy głębokiej obudził ją głos Wawrzona:

— Maryś, wstawaj!

Było coś takiego w tym wołaniu, iż rozbudziła się natychmiast.

— Co, tatulu?

Wśród ciszy i ciemności nocnej głos starego chłopa ozwał się głucho, strasznie, ale spokojnie:

— Dziewczyno! Już tobie głodem dłużej nie mrzeć. Nie pójdzieszże ty pod ludzkie progi o chleb prosić, nie będzieszże ty na dworze sypiać. Ludzie cię opuścili, Bóg cię opuścił, dola skapiała, to niech cię choć śmierć przytuli. Woda głęboka jest, nie będziesz się męczyła.

W ciemności nie mogła go dojrzeć, choć oczy jej szeroko rozwarły się z przerażenia.

— Utopię ja cię, niebogo, i sam się utopię — mówił dalej. — Nie ma poratowania dla nas, nie ma miłosierdzia nad nami. Jutro nie będzie ci się chciało jeść, jutro ci będzie lepiej niż dziś...

Nie! Ona nie chciała umierać. Ona miała osiemnaście lat i to przywiązanie do życia, tę bojaźń śmierci, jaką daje młodość. Cała w niej dusza wzdrygnęła się do głębin na myśl, że jutro będzie topielcem, że pójdzie w jakąś ciemność, że będzie leżała w wodzie, wśród ryb i gadów, na dnie szlamistym. Za nic w świecie! Nieopisany wstręt i strach ogarnęły ją w tej chwili, a rodzony ojciec, mówiący tak w ciemności, wydał się jej jakimś złym duchem.

Przez ten czas obie jego ręce spoczywały na jej wychudłych ramionach, a głos mówił ciągle z tym strasznym spokojem:

— Choćbyś krzyczała, nikt cię nie usłyszy. Pchnę cię tylko i wszystko dwóch pacierzy nie potrwa.

— Nie chcę, tatulu, nie chcę! — wołała Marysia. — Czy wy się Boga nie boicie? Tatulu serdeczny, złoty, zlitujta[1] się nade mną! Co ja wam uczyniła? Dyć ja nie narzekała na moją niedolę, dyć ja z wami cierpiała głód i zimno... Tatulu!

Oddech jego stał się szybki, ręce zacisnęły się jak kleszcze... Ona wypraszała się śmierci coraz rozpaczliwiej.

— Zlitujta się! Miłosierdzia! miłosierdzia! Jać[2] dziecko wasze, jam biedna, chora; mnie i tak niedługo na świecie. Mnie żal! Ja się boję!

Tak jęcząc czepiała się jego sukmany i usta przyciskała błagalnie do tych rąk, które ją spychały w przepaść. Ale jego to wszystko zdawało się tylko podniecać. Spokój jego przeszedł w obłęd: zaczął rzęzić i chrapać. Chwilami nastawała między nimi cisza i kto by stał nad brzegiem, słyszałby tylko głośne oddechy i szamotanie się, i trzask desek. Noc była głęboka, ciemna, a pomoc nie mogła znikąd nadejść, bo to był sam koniec portu, na którym w dzień nawet, prócz robotników, nie bywało nikogo.

— Zmiłowania! zmiłowania! — wołała przeraźliwie Marysia.

W tej chwili jedną ręką pociągnął ją gwałtownie na sam brzeg rusztowania, drugą począł bić w głowę, by przytłumić jej

---
1 zlitujcie.
2 konstrukcja z partykułą -ci, skróconą do -ć; znaczenie: ja przecież.

51

krzyki. Ale i tak te krzyki nie budziły żadnego echa: pies tylko jakiś wył w dali.

Dziewczyna uczuła, że słabnie. Na koniec nogi jej trafiły na próżnię, ręce tylko trzymały się jeszcze ojca, ale mdlały. Krzyk o ratunek stawał się coraz cichszy, ręce wreszcie urwały szmat sukmany i Marysia uczuła, że leci w przepaść.

Jakoż spadła z platformy, po drodze jednak uczepiła się dylów i zawisła nad wodą.

Chłop pochylił się i — straszno powiedzieć — począł jej rękę odczepiać.

Tłum myśli, niby tłum zwichrzonego ptactwa, przelatywał jej przez głowę, na kształt obrazów i błyskawic: Lipińce, studnia żurawia, wyjazd, okręt, burza, litania, nędza nowojorska; na koniec — co to się z nią dzieje? Widzi jakiś okręt ogromny z podniesionym przodem, na nim tłum ludzi, a z tego tłumu dwie ręce wyciągają się do niej. Na Boga! To Jaśko tam stoi, Jaśko wyciąga ręce, a nad okrętem i nad Jaśkiem Matka Boska uśmiechnięta w jasności wielkiej. Ona na ten widok ludzi na brzegu rozpycha: „Panienko Najświętsza! Jaśku! Jaśku!". Chwila jeszcze... Ostatni raz wznosi oczy ku ojcu:

— Tatulu! tam Matka Boska! tam Matka Boska!

Chwila jeszcze, też same ręce, które spychały ją w wodę, chwytają teraz jej mdlejące dłonie i z jakąś siłą nadludzką ciągną ją w górę. Już znowu czuje pod nogami deski rusztowania, znowu otaczają ją ramiona, ale ramiona ojca, nie kata, i głowa pada na pierś ojcowską.

Ocknąwszy się z omdlenia spostrzegła, że leży spokojnie przy ojcu; ale choć było ciemno, dojrzała, że leży krzyżem i że szlochanie głuche, żałosne wstrząsa nim i rozrywa mu pierś.

— Maryś — ozwał się wreszcie przerywanym przez łkanie głosem — odpuść mi, dziecko...

Dziewczyna poszukała po ciemku jego rąk i przytuliwszy do nich swoje biedne usta wyszeptała:

— Tatulu! Niech wam tak Pan Jezus odpuści, jako ja odpuszczam...

Z bladej jasności, która od niejakiego czasu świtała na horyzoncie, wynurzył się księżyc wielki, pogodny, pełny i znowu stało się coś dziwnego. Oto Marysia ujrzała, jak od księżyca odrywają się całe roje małych aniołków, jakby pszczółek złotych, i spływają po promieniach aż do niej, szeleszcząc skrzydełkami, kręcąc się, wijąc i śpiewając dziecinnymi głosami.

— Dziewczyno umęczona, spokój tobie! Ptaszyno licha, spokój tobie! Kwiatku polny, cierpliwy i cichy, spokój tobie!

Tak śpiewając potrząsały nad nią kielichy lilii białych i małe srebrne dzwoneczki, które dzwoniły:

Sen tobie, dziewczyno, sen tobie! Sen! sen! sen!

I zrobiło się jej tak dobrze, jasno, spokojnie, że usnęła naprawdę.

Noc mijała i jęła blednąć. Dniało. Świtanie pobieliło wodę. Maszty i kominy zaczęły się wychylać z cienia i jakoby przybliżać; Wawrzon klęczał już schylony nad Marysią.

Myślał, że umarła. Wysmukła jej postać leżała bez ruchu; oczy miała zamknięte, twarz bladą jak płótno, z sinawym cieniem, spokojną i zmartwiałą. Na próżno stary wstrząsał ją za ramię: ani drgnęła, ani nie otworzyła oczu. Wawrzonowi zdawało się, że i on chyba umiera, ale przyłożywszy jej rękę do ust poczuł, że oddycha. Serce w niej biło, choć słabo; zrozumiał jednak, że może umrzeć lada chwila. Jeśli z tumanu porannego wynurzy się dzień pogodny, jeśli słońce ogrzeje ją, to się obudzi; inaczej nie.

Mewy zaczęły krążyć nad nią, jakby o nią stroskane; niektóre siadały na pobliskich słupach. Mgła ranna rozstępowała się z wolna pod tchnieniem zachodniego wiatru; powiew ten był wiosenny, ciepły, pełen słodyczy.

Potem wzeszło słońce. Promienie jego padły naprzód na szczyt rusztowania, potem schodząc coraz niżej, rzuciły swoje złote światło na martwą twarz Marysi. Zdawały się ją całować, pieścić i jakby utulać. W tych blaskach i w wianku jasnych włosów, porozwiązywanych od nocnej walki i wilgoci, była to twarz po prostu anielska; bo też Marysia była już prawie aniołem przez swoją mękę i niedolę.

Śliczny, różany dzień wstawał z wody, słońce grzało coraz silniej, wiatr chuchał litośnie na dziewczynę; mewy, kręcąc się wiankiem, krzyczały, jakby ją chciały rozbudzić. Wawrzon zdjąwszy z siebie sukmanę przykrył nią jej nogi i nadzieja zaczęła mu wstępować w serce.

Jakoż siność ustępowała z wolna z jej twarzy, policzki poróżowiały lekko, uśmiechnęła się raz i drugi, na koniec otworzyła powieki.

Wówczas ten stary chłop klęknął na pomoście, podniósł oczy do nieba i łzy dwoma strumieniami popłynęły mu po pomarszczonych policzkach.

Uczuł raz na zawsze, że to dziecko — to teraz źrenica oczu jego i dusza jego duszy, i jakby świętość nad wszystko ukochana. Ona nie tylko się rozbudziła, ale rozbudziła zdrowsza i rzeźwiejsza niż wczoraj. Czyste powietrze portu zdrowsze dla niej było od zatrutej atmosfery izby. Wracała naprawdę do życia, bo siadłszy na deskach, zawołała zaraz:

— Tatulu! Jeść mi się chce bardzo.

— Pójdź, córuchno, nad wodę, może się tam co znajdzie — rzekł stary.

Wstała bez wielkiego wysilenia i poszli. Ale widocznie jakiś to dzień miał być wyjątkowy w dniach ich niedoli, bo ledwo uszli kilka kroków, ujrzeli tuż koło siebie na rusztowaniu wsuniętą między dwie belki chustkę, a w niej zawinięty chleb, gotowaną kukurydzę i solone mięso. Tłumaczyło się to po prostu tym, że któryś z robotników pracujących przy warfie schował sobie wczoraj na dziś część swego śniadania. Robotnicy tamtejsi mają ten zwyczaj; ale Wawrzon z Marysią tłumaczyli to sobie jeszcze prościej. Kto położył tę żywność? W ich mniemaniu Ten, co o każdym kwiatku, ptaku, koniku polnym i mrówce pamięta.

Bóg!

Zmówili pacierz, zjedli, choć niewiele tego było, i poszli nad wodą aż do głównych doków. Wstąpiły w nich nowe siły. Doszedłszy do budynku celniczego, skręcili pod górę na Waterstreet ku Broadway. Z odpoczynkami zeszło im na tym parę godzin, bo droga była daleka. Chwilami siadali na deskach lub na próżnych pakach okrętowych. Szli, sami nie wiedząc dlaczego, ale coś się tak Marysi widziało, żeby koniecznie iść do miasta. Po drodze spotykali mnóstwo ładownych wozów ciągnących do portu. Na Waterstreet ruch już panował niemały.

Z otwierających się bram wychodzili ludzie i szli pośpiesznie do codziennych zatrudnień. W jednej takiej bramie ukazał się wysoki, siwy i wąsaty jegomość z młodym chłopakiem. Wyszedłszy, spojrzał na nich i na ich ubranie, ruszył wąsami; zdziwienie odbiło się na jego twarzy, po czym zaczął się przypatrywać jeszcze bystrzej i uśmiechać się.

Twarz ludzka, uśmiechająca się do nich przyjaźnie w Nowym Jorku, to był dziw, czary jakieś, na widok których zdumieli się oboje.

Tymczasem siwy jegomość zbliżył się i spytał najczystszą polszczyzną:

— A wyście skąd, ludzie?

Jakby piorun w nich uderzył. Chłop, zamiast odpowiedzieć, zbladł jak ściana i zachwiał się na nogach, nie wierząc ani swoim uszom, ani swoim oczom. Marysia, ochłonąwszy pierwsza, przypadła zaraz do nóg starego pana, objęła je rękoma i poczęła wołać:

— Spod Poznania, jaśnie dziedzicu! Spod Poznania.

— Co wy tu robicie?

— W nędzy, w głodzie i w niedoli srogiej żyjewa, drogi panie! Tu Marysi głosu zabrakło, a Wawrzon rzucił się plackiem do nóg jegomości, potem począł całować połę jego surduta i trzymając ją, myślał, że chyba za kawał nieba złapał.

Toć to pan... i swój pan. On z głodu umrzeć nie da, on poratuje, on zmarnieć nie da.

Młody chłopiec, który był z siwym panem, wytrzeszczał oczy, ludzie poczęli się gromadzić, otwierać usta i patrzeć, jak człowiek przed człowiekiem klęczy i po nogach go całuje.

W Ameryce to niebywała rzecz! Ale starszy pan począł się na gapiów gniewać.

— To nie wasz *business*[1] — mówił do nich po angielsku — idźcie do swego *businessu*!

Po czym do Wawrzona i Marysi:

— Nie będziemy na ulicy stali: chodźcie za mną.

Wprowadził ich do najbliższego *bar-roomu;* tam wszedłszy do osobnego pokoju, zamknął się z nimi i z chłopakiem. Oni znowu zaczęli mu do nóg padać, od czego bronił się i mruczał gniewliwie:

— Skończcie ten *business*! My przecież z jednych stron, my dzieci jednej... matki...

Tu widocznie dym z cygara, które palił, zaczął gryźć go w oczy, bo przetarł je kułakami[2] i spytał:

— Głodniście?

— Bez[3] dwa dni niceśmy nie jedli,[4] jeno co dziś znaleźliśwa[5] nad wodą.

— Wiliam! — rzekł do chłopca — każ im dać jeść.

Następnie pytał dalej:

— Gdzie mieszkacie?

— Nigdzie, jaśnie panie.

— Gdzieście spali?

— Nad wodą.

— Wygnali was z mieszkania?

---

1 (ang.) — interes.
2 pięść.
3 przez.
4 konstrukcja z ruchomą końcówką czasownika; inaczej: nic nie jedliśmy.
5 znaleźliśmy.

— Wygnali.
— Nie macie rzeczy prócz tych, co na sobie?
— Nie mamy.
— Nie macie pieniędzy?
— Nie mamy.
— Co będziecie robili?
— Nie wiemy.

Stary pan, pytając szybko i jakby gniewliwie, zwrócił się nagle do Marysi:

— Ile masz lat, dziewczyno?
— Osiemnaście skończę na Matkę Boską Zielną.
— Nacierpiałaś się, co?

Nie odpowiedziała nic, tylko schyliła mu się pokornie do nóg. Starego pana dym znowu zaczął widocznie gryźć w oczy. W tej samej chwili przynieśli piwo i ciepłe mięso. Stary pan kazał im się zaraz wziąć do jedzenia, a gdy odrzekli, że nie śmieją tego przy nim zrobić, powiedział im, że są głupi. Ale mimo tej jego gniewliwości wydawał im się aniołem z nieba. Gdy jedli, radowało go to widocznie bardzo. Potem kazał sobie opowiadać, jak się tu dostali i przez co przeszli. Więc Wawrzon opowiedział mu wszystko i nie zataił nic, jako księdzu na spowiedzi. On gniewał się, wymyślał mu, a gdy doszło do tego, jak Wawrzon chciał topić Marysię, krzyknął:

— Ja bym cię ze skóry odarł!

Potem do Marysi:

— Pójdź tu, dziewczyno!

Gdy się zbliżyła, wziął w obie ręce jej głowę i pocałował ją w czoło.

Potem myślał przez chwilę i rzekł:

— Biedę przeszliście. Ale to jest dobry kraj, tylko trzeba sobie umieć radzić.

Wawrzon wytrzeszczył na niego oczy: ten zacny i mądry pan nazywał Amerykę dobrym krajem.

— Tak jest, ciemięgo — rzekł, spostrzegłszy zadziwienie Wawrzona — dobry kraj! Gdym tu przybył, nie miałem nic, a teraz mam kawałek chleba. Ale wam, chłopom, pilnować roli, nie po świecie się włóczyć. Jak wy wyjedziecie, któż tam zostanie? Wyście tu na nic, a przyjechać tu łatwo, wrócić trudno.

Milczał czas jakiś, potem dodał, jakby do siebie:

— Czterdzieści kilka lat tu siedzę, to się i o kraju zapomniało. Ale tęsknota czasem bierze, co? Wiliam tam musi jechać, niech pozna, gdzie jego ojcowie żyli... To mój syn — rzekł, ukazując na chłopca. — Wiliam! przywieziesz mi z domu garść ziemi pod głowę do trumny.

— *Yes, father!*[1] — odpowiedział po angielsku wyrostek.

— I na piersi, Wiliam! I na piersi!

— *Yes, father!*

Starego pana dym tak okropnie zaczął gryźć w oczy, że źrenice zaszły mu jakby szkłem.

Zaraz też począł się gniewać:

— Rozumie chłystek po polsku, ale woli mówić po angielsku. Tak tu musi być. Co tu padnie, to dla dawnych progów stracone. Wiliam! idź i powiedz siostrze, że będziemy mieli gości na obiad i na noc.

---

1 (ang.) — tak, ojcze.

Chłopiec poskoczył żywo. Stary pan zamyślił się i milczał długo; potem zaczął mówić, jakby do siebie:

— Choćby ich wysłać z powrotem, koszt wielki, a przy tym do czego wrócą? Sprzedali, co mieli: pójdą na dziady. W służbie z dziewczyną Bóg wie, co by się stało. Kiedy tu jesteście, trzeba jeszcze pracy popróbować. Wysłać ich do jakiej osady, dziewczyna pójdzie za mąż na poczekaniu. Dorobią się we dwoje; zechcą wrócić, to i starego zabiorą.

Następnie rzekł wprost już do Wawrzona:

— Słyszałeś tu o tutejszych naszych osadach?

— Nie słyszałem, wielmożny panie.

— Ludzie! jak wy się tu puszczacie? Na miły Bóg! Nie macież ginąć potem?! W Chicago jest takich jak ty ze dwadzieścia tysięcy, w Milwaukee tyleż, w Detroit sporo, w Bufallo sporo. Pracują po fabrykach, ale chłopu najlepiej na rolę. Do Radomia wysłać by was, do Illinois, hm! tam już o grunt trudno. Zakładają jakiś nowy Poznań w stepach w Nebrasce, ale to daleko. Kolej drogo kosztuje. Panna Maria w Teksasie także daleko. Do Borowiny byłoby najlepiej, tym bardziej że mogę dać wam bilety darmo, a co dam w rękę, to schowacie na gospodarstwo.

Zamyślił się jeszcze głębiej.

— Słuchaj, stary — rzekł nagle. — Zakładają teraz nową osadę Borowina w Arkansas. Jest to piękny kraj i ciepły, a ziemia prawie pusta. Tam gruntu z lasem weźmiesz 160 morgów od rządu darmo, a od kolei za małą opłatą — rozumiesz? Na gospodarstwo ci dam i bilety na kolej, bo mogę. Pojedziecie do miasta Little-Rock, potem trzeba będzie wozem. Tam znajdziecie i innych, którzy z wami pojadą. Zresztą dam wam listy. Chcę wam pomóc, bom wasz brat; ale twojej dziewczyny sto razy więcej żal mi niż ciebie. Rozumiesz? Bogu dziękujcie, żeście mnie spotkali.

Tu głos jego stał się zupełnie miękki.

— Słuchaj, dziecko! — rzekł do Marysi — oto tu masz moją kartkę: schowaj ją święcie. Jak cię kiedy bieda przyciśnie, jak zostaniesz samotna na świecie i bez opieki, to mnie poszukaj. Tyś biedne dziecko i dobre. Gdybym umarł, Wiliam się tobą zajmie. Kartki nie zgub! Chodźcie teraz do mnie.

Po drodze kupił im bielizny i ubrania, a wreszcie zaprowadził do siebie i ugościł. Był to cały dom dobrych ludzi, bo i Wiliam, i jego siostra Jenny zajęli się obojgiem jakby krewnymi. Pan Wiliam obchodził się nawet z Marysią jakby z *lady*[1] jaką, czego wstydziła się okrutnie. Wieczorem do panny Jenny przyszło kilka młodych panienek z grzywkami na czołach, ubranych ślicznie i dobrych. Te wzięły między siebie Marysię, dziwiły się, że taka blada, że taka ładna, że ma tak jasne włosy, że im się do nóg ciągle schyla i po rękach je całuje, z czego się śmiały bardzo. Stary pan chodził między młodymi, potrząsał białą głową, mruczał, czasem się gniewał, mówił to po angielsku, to po polsku, rozmawiał z Marysią i Wawrzonem o dalekich stronach rodzinnych: przypominał sobie, rozpamiętywał i od czasu do czasu widocznie dym z cygara gryzł go w oczy, bo je sobie często ukradkiem ocierał.

Gdy się wszyscy rozeszli spać, Marysia nie mogła wstrzymać łez, widząc, że panna Jenny własnymi rękoma przygotowuje jej

---

1 (ang.) — pani, dama.

pościel! Ach! jacyż to dobrzy ludzie byli, ale cóż dziwnego! Przecie stary pan był także rodem spod Poznania. Trzeciego dnia Wawrzon i dziewczyna jechali już do Little-Rock. Chłop czuł sto dolarów w kieszeni i o biedzie zupełnie zapomniał, a Marysia czuła nad sobą widomą rękę bożą i wierzyła, że ta ręka nie da jej zginąć; że jak ją z niedoli wyprowadziła, tak i Jaśka do Ameryki sprowadzi, i nad obojgiem czuwać będzie, i do Lipiniec wrócić im pozwoli. Tymczasem miasta i farmy wiejskie migały im przez okna wagonu. Było to zupełnie inaczej niż w Nowym Jorku. Były pola i bór na dalekości, i domki, przy których rosły drzewa; ruń zbóż wszelakich zieleniła się wielkimi szmatami, zupełnie jak w Polsce. Na ten widok Wawrzonowi rozpierało tak coś piersi, że miał ochotę krzyczeć: „Hej, wy bory i pola zielone!". Na łąkach pasły się trzody krów i owiec; po rubieżach leśnych widać było ludzi z siekierami. Pociąg leciał dalej i dalej. Powoli okolica stawała się coraz mniej ludna. Farmy znikły, a kraj roztworzył się w szeroki, pusty step. Wiatr na nim wiał falą traw i migotał kwiatami. Miejscami wiły się na kształt złocistych wstęg drogi pokryte żółtym kwieciem, po których niegdyś przeszły wozy. Wysokie burzany,[1] dziewanny i szyszkowate osty kiwały głowami, jakby witając wędrowców. Orły kołysały się na szerokich skrzydłach nad stepem, wpatrując się pilnie w trawę. Pociąg rwał naprzód, jakby chciał dolecieć tam, gdzie te stepowe przestrzenie giną oczom i zlewają się z niebem. Z okien wagonów widać było całe stadka

---

[1] chwasty; szczególnie stepowa, kolczasta roślinność podobna do ostów.

zajęcy i piesków ziemnych. Czasem rogata głowa jelenia mignęła nad trawami. Nigdzie ani wieżyczki kościelnej, ani miasta, ani wsi, ani domu, stacje tylko; ale między stacjami i w bok ani żywego ducha. Wawrzon spoglądał na to wszystko, kręcił głową i nie mógł zrozumieć, że tyle „dobroci", jak nazywał grunta, pustką stoi. Upłynął dzień i noc. Rankiem wjechali w bory, w których drzewa były pokręcane pnącymi się roślinami grubymi jak ramię ludzkie, co robiło bór tak gęstym, że chyba w niego siekierą jak w ścianę bić. Nieznane ptactwo świergotało w tych zielonych gąszczach. Raz zdało się Wawrzonowi i Marysi, że wśród skrętów i bisiorów ujrzeli jakichś jeźdźców z piórami na głowach i o twarzach tak czerwonych jak miedź polerowana. Widząc te lasy, te puste stepy i puste bory, te wszystkie nieznane cuda i ludzi innych, Wawrzon nie mógł wreszcie wytrzymać i rzekł:

— Maryś!
— Co, tatulu?
— Widzisz?
— Widzę.
— A dziwujesz się?
— Dziwuję się.

Przejechali na koniec rzekę ze trzy razy szerszą od Warty, o której później dowiedzieli się, że się nazywa Missisipi, i głuchą już nocą przybyli do Little-Rock.

Stąd mieli się wypytać o drogę do Borowiny.

Porzucamy ich w tej chwili. Drugi okres ich tułactwa za chlebem został ukończony. Trzeci miał się odgrywać w lasach, wśród huku siekier i w ciężkim znoju osadniczego życia. Czy mniej w nim było łez, cierpień i niedoli — dowiemy się niedługo.

III
Życie osadnicze

Czym była Borowina? Osadą, która miała powstać. Ale widocznie nazwę obmyślono z góry, wychodząc z zasady, że gdzie istnieje nazwa, tam musi istnieć i rzecz. Poprzednio gazety polskie, a nawet i angielskie, wychodzące w Nowym Jorku, Chicago, Bufallo, Detroit, Milwaukee, Manitovok, Denver, Calumet, słowem, wszędzie, gdzie można usłyszeć mowę polską, głosiły *urbi et orbi*[1] w ogólności, a polskim osadnikom w szczególności, że kto by z nich chciał być zdrowym, bogatym, szczęśliwym, jeść tłusto, żyć długo, a po śmierci na pewno otrzymać zbawienie, ten niech się zapisuje na działkę w raju ziemskim, czyli w Borowinie. Ogłoszenia mówiły, że Arkansas, w którym ma stanąć Borowina, jest krajem pustym jeszcze, ale najzdrowszym w świecie. Wprawdzie miasteczko Memphis, leżące na samej granicy, z tamtej strony Missisipi, jest siedliskiem żółtej febry, ale według ogłoszeń, ani żółta, ani żadna inna febra nie potrafiłaby przepłynąć takiej rzeki jak Missisipi. Na górnym brzegu rzeki Arkansas nie ma jej dlatego jeszcze, że sąsiedzi, Indianie Choctwas, oskalpowaliby ją bez żadnej litości. Febra drży na widok czerwonej skóry. Skutkiem takiego składu rzeczy osadnicy w Borowinie mieszkać będą między febrą od wschodu a czerwonoskórymi od zachodu, w pasie zupełnie neutralnym, zatem mającym przed sobą taką przyszłość, że za lat tysiąc Borowina będzie niezawodnie liczyła

---

1 (łac.) — dosł. miastu i światu (formuła błogosławieństwa wygłaszanego przez papieża w Rzymie podczas ważnych uroczystości katolickich); tu: całemu światu.

ze dwa miliony mieszkańców, a ziemia, którą się dziś płaci po 1 i pół dolara za akr, pójdzie na place do sprzedania w cenie mniej więcej tysiąca dolarów za kwadratowy łokieć. Takim obietnicom i widokom trudno się było oprzeć. Tych, którym by mniej podobało się sąsiedztwo Choctawów, ogłoszenia zapewniały, że ten waleczny szczep ożywiony jest szczególniejszą sympatią właśnie dla Polaków, że więc należy przewidywać stosunki jak najuprzejmiejsze. Zresztą wiadomo, że gdzie przez lasy i stepy przejdzie kolej żelazna i słupy telegraficzne w kształcie krzyżów, tam owe krzyże stają się wkrótce znamionami, stojącymi na mogilnikach indyjskich; że zaś ziemia pod Borowinę nabyta została od kolei żelaznej, zniknięcie więc Indian było tylko kwestią czasu.

Ziemia została nabyta istotnie od kolei żelaznej, co zapewniało osadzie związek ze światem, zbyt dla produktów i przyszły rozwój. Ogłoszenia zapomniały wprawdzie dodać, że kolej ta była dopiero projektowaną i że właśnie sprzedaż sekcji nadawanych kolejom przez rząd w krajach pustych, miała zapewnić, a raczej dopełnić funduszu potrzebnego na budowę; zapomnienie to było jednak łatwe do wybaczenia przy *businessie* tak złożonym. Zresztą pociągało tę tylko różnicę dla Borowiny, że osada, zamiast się znajdować na linii drogi, leżała w głuchej pustyni, do której trzeba się było dostawać wśród wielkich trudów wozami.

Z tych zapomnień mogły się zrodzić różne przykrości, przykrości jednak były tylko czasowe i miały ustać wraz z przeprowadzeniem kolei. Zresztą wiadomo jest, że ogłoszeń w tym kraju nie można brać dosłownie, albowiem jak każda roślina przesadzona na amerykański grunt wybuja niezawodnie, ale kosztem owoców, tak i reklama w amerykańskich gazetach tak się rozrasta, że ziarnko prawdy trudno czasem z retorycznych plew wyłuskać. Odłożywszy jednak na bok wszystko, co w ogłoszeniach o Borowinie należało uważać za tak zwany *humbug*,[1] można jeszcze było mniemać, że osada ta nie będzie wcale gorsza od tysiąca innych, których powstawanie z nie mniejszą przesadą głoszono.

Warunki wydawały się nawet z wielu względów pomyślnymi, stąd mnóstwo osób, a nawet rodzin polskich rozproszonych po całych Stanach, od Wielkich Jezior aż po palmowe lasy Florydy, od Atlantyku aż po kalifornijskie wybrzeża, zapisało się na osiedleńców w mającej powstać osadzie. Mazurzy pruscy, Ślązacy, Poznańczycy, Galicjanie, Litwini z Augustowskiego i Mazurzy spod Warszawy, którzy pracowali po fabrykach w Chicago i Milwaukee i którzy od dawna wzdychali do życia, jakie chłop z chłopów powinien prowadzić, chwycili pierwszą sposobność, by się z dusznych, zakopconych dymem i sadzą miast wydostać, a jąć się pługa i siekiery w przestronnych polach, borach i stepach Arkansasu. Ci, którym było za gorąco w Pannie Marii w Teksas lub za zimno w Minnesocie, lub za wilgotno w Detroit, lub za głodno w Radomiu w Illinois, połączyli się z pierwszymi i kilkuset ludzi, najwięcej mężczyzn, ale wiele także niewiast i dzieci, wyruszyło do Arkansas. Nazwa „Bloody-Arkansas", to jest „krwawy", nie odstraszała zbyt osadników. Jakkolwiek, prawdę mówiąc, kraj ten obfituje dotychczas w drapieżnych Indian, w tak zwanych *outlawów*,

---

1(ang.) — oszustwo, kłamstwo.

czyli rozbójników, zbiegłych spod prawa, w zdziczałych skwaterów,[1] wycinających drzewo wbrew zakazom rządowym nad Red River,[2] i różnych innych awanturników lub drapichrustów urwanych spod szubienicy; jakkolwiek dotąd zachodnia część tego stanu słynną jest z okrutnych zapasów między czerwonoskórymi a białymi myśliwcami na bawoły i straszliwego prawa *lynch*,[3] przecie można dać sobie z tym radę. Mazur, gdy czuje sękacza w łapie, a zwłaszcza jeszcze gdy ma po Mazurze z każdego boku i Mazura za sobą, nie bardzo komu ustąpi, a temu, co by mu nadto w drogę lazł, gotów krzyknąć:

— Dyćwa nie ciarachy! Nie targajta, bo żgniema, aż będzieta chramać![4]

Skądinąd wiadomo także, że Mazurzy lubią się trzymać razem i osiadać w ten sposób, by Maciek Maćkowi mógł w każdej chwili z kłonicą na pomoc pośpieszyć.

Punktem zbornym dla większości było miasto Little-Rock, ale z Little-Rock do Clarcsville, najbliższej osady ludzkiej, z którą miała sąsiadować Borowina, trochę dalej niż z Warszawy do Krakowa, a co gorsza, trzeba było jechać krajem pustym, przedzierać się przez lasy i wezbrane wody.

Jakoż kilku ludzi, którzy nie chcąc czekać na całą gromadę, puścili się w pojedynkę, zginęło bez wieści, ale główny tabor

---

1 (ang. *squatter*) — nielegalny osadnik, nieposiadający praw do zajmowanej ziemi.
2 Rzeka Czerwona; przepływa przez stan Teksas i Luizjana, wpada do największej rzeki Ameryki Północnej, Missisipi.
3 samosąd.
4 przecież my nie miastowi, nie szarpcie, bo was pchniemy [czymś ostrym], aż będziecie kuleć.

doszedł szczęśliwie i obozował oto teraz wśród lasu. Prawdę powiedziawszy, przybywszy na miejsce, osadnicy rozczarowali się bardzo. Spodziewali się zastać na gruntach przeznaczonych na osadę pola i las, a znaleźli tylko las, który dopiero trzeba było karczować. Czarne dęby, drzewa czerwone, bawełniane (tak zwane *cottonwood*), jasne platany i posępne hikory[1] stały obok siebie jedną masą. Puszcza tu była nie na śmiech, podszyta czaporalem[2] z dołu, powikłana w górze lianami, które przeskakując na kształt lin i sznurów z drzewa na drzewo, tworzyły jakby zwieszające się mosty, jakby zasłony, jakby bisiory jakie kwieciem okryte, a tak gęste, tak stłoczone i zbite, że oko nie pobiegło w dal, jak w naszych lasach; kto się zapuścił głębiej, ten nieba nad sobą nie dojrzał i w mroku błądzić musiał, i zbłądzić mógł, zaprzepaścić się na zawsze. Jeden i drugi Mazur spoglądał to na własne pięście, to na siekierę, to na owe dęby, mające po kilkanaście łokci obwodu i niejednemu markotno się zrobiło. Błogo mieć drzewo na chałupę i na opał, ale wyciąć las jednemu człowiekowi na 160 morgach, pniaki z ziemi wydrapać, wykroty zrównać i dopiero imać się pługa, to praca na całe lata.

Ale nie było nic innego do roboty, więc zaraz drugiego dnia po przybyciu taboru jaki taki przeżegnał się, w ręce splunął, chwycił toporzysko, stęknął, machnął, uderzył i od tej pory co dzień było słychać huk siekier w tym arkansaskim lesie, a czasem i pieśni rozlegające się echem:

1— gatunek drzewa orzechowego w Ameryce Północnej.
2 (z ang. *chaparral*) — gęste, niskie, karłowate i zwarte krzewy.

Przyszedł Jasieńko,
Przyszedł ze dworu:
„Miła Kasieńko,
Pójdźwa do boru.
Do boru, do ciemnego".

Tabor stał wedle strumienia, na dość obszernej polance, brzegiem której miały stanąć w kwadrat chałupy, na środku zaś z czasem kościół i szkoła. Ale do tego było jeszcze daleko; tymczasem zaś stały wozy, na których przybyły rodziny osadnicze. Wozy te ustawiono w trójkąt, by w razie napadu można w nich się bronić jak w fortecy. Za wozami, na pozostałej części polanki chodziły muły, konie, woły, krowy i owce, nad którymi czuwała straż złożona z młodych, zbrojnych parobków. Ludzie sypiali na wozach lub też za ich obrębem naokoło ognisk.

W dzień kobiety i dzieci zostawały w taborze, obecność zaś mężczyzn można było poznać tylko po huku siekier, którym rozbrzmiewał cały las. Nocami wyły w gąszczach dzikie zwierzęta, mianowicie jaguary,[1] arkansaskie wilki i kojoty.[2] Straszne szare niedźwiedzie, które blasku ognia mniej się boją, podchodziły dość blisko do wozów, skutkiem czego często wśród ciemności rozlegały się wystrzały z karabinów i wołania: „Bywaj, bić bestyję!". Ludzie, którzy przybyli z dzikich stron

1 duże zwierzę drapieżne z rodziny kotowatych, należący do wielkich kotów (trzeci co do wielkości po tygrysie i lwie), przedstawiciel rodzaju *panthera*; ma płową, czarno nakrapianą sierść, podobnie jak lampart; występuje na terenie obu Ameryk.
2 zwierzę drapieżne podobne do wilka, występujące w Ameryce Płn. i Środkowej, od Alaski do Meksyku.

teksaskich, byli po największej części wprawnymi myśliwcami i ci dostarczali z łatwością sobie i swym rodzinom zwierzyny, mianowicie antylop, jeleni i bawołów; była to bowiem pora wiosennych wędrówek tych zwierząt na północ. Reszta osadników żywiła się zapasami zakupionymi w Little Rock lub Clarcsville, a składającymi się z kukurydzowej mąki i solonego mięsa. Prócz tego bito owce, których pewną ilość zakupiła każda rodzina.

Wieczorami, gdy wedle wozów rozpalano wielki ogień, młodzież po wieczerzy, zamiast iść spać, puszczała się w taniec. Jakiś grajek przywiózł z sobą skrzypce, na których wygrywał obertasa od ucha, a gdy głos skrzypiec ginął nadto wśród leśnego szumu i pod otwartym niebem, inni pomagali grajkowi na sposób amerykański, brzęcząc w blaszane miski. Życie uchodziło w pracy ciężkiej gwarnie, a przy tym bezładnie.

Najpierwszą rzeczą było postawić chałupy; jakoż wkrótce na zielonym podścielisku polanki stanęły zręby domów, cała zaś jej powierzchnia pokryła się wiórami, heblowinami, kawałkami kory i tym podobnym śmieciem drzewnym. Czerwone drzewo, czyli tak zwane *redwood*, łatwo dawało się obrabiać, ale często trzeba było po nie chodzić daleko. Niektórzy pourządzali sobie tymczasowe namioty z płócien pozdzieranych z wozów. Inni, zwłaszcza nieżonaci, którym mniej pilno było do dachu nad głową, a więcej przykrzył się karczunek, zaczęli orać w miejscach, gdzie puszcza nie była podszyta i gdzie dęby i hikory, tj. żelazne drzewa, były rzadsze. Wówczas to, jak bór arkansaski borem, pierwszy raz rozległy się w nim nawoływania:

71

— Heć, kso, byś!

W ogóle jednak taki nawał roboty spadał na osadników, że nie wiadomo było, do czego rąk przyłożyć: czy naprzód stawiać domy, czy karczować, czy chodzić za zwierzyną. Zaraz z początku pokazało się, że pełnomocnik kolonistów kupił ziemię od kolei na wiarę i nigdy w niej poprzednio nie był; inaczej bowiem nie byłby nabywał głuchej puszczy, zwłaszcza iż równie łatwo było kupić kawałki stepu, częściowo tylko lasem pokryte. Tak on, jak i pełnomocnik kolei przybyli wprawdzie na miejsce, by działki rozmierzyć i wskazać każdemu, co do niego należy, ale zobaczywszy, jak rzeczy stoją, pokręcili się dwa dni, następnie wykłócili się i wyjechawszy niby po narzędzia miernicze do Clarcsville, nie pokazali się już w osadzie.

Wkrótce wyszło na jaw, że jedni osadnicy zapłacili więcej, inni mniej, a co gorzej, nikt nie wiedział, gdzie jego działka leży, jak odmierzyć to, co na niego wypada. Osadnicy zostali bez żadnego przewodnictwa, bez żadnej władzy, która by mogła sprawy ich porządkować i spory godzić. Nie wiedziano dobrze, jak pracować. Niemcy wzięliby się zapewne całą gromadą do wycięcia lasu i oczyściwszy całą przestrzeń, postawiwszy wspólnymi siłami domy, dopiero by zaczęli przy każdym domu odmierzać grunta. Ale każdy Mazur chciał od razu swoim się zająć, swój dom stawiać i na swojej działce las ciąć. Każdy przy tym chciał brać miejsca przy środkowej polance, gdzie puszcza była najrzadsza, a woda najbliższa. Stąd powstały spory, które wzrosły zaraz, gdy pewnego dnia zjawił się, jakby z nieba spadły, wóz niejakiego pana Grünmańskiego. Ten pan

Grünmański w Cincinnati np., gdzie mieszkają Niemcy, może nazywał się krócej: Grünman, ale w Borowinie dodał sobie „ski" dlatego, żeby handel lepiej szedł. Wóz jego miał wysoki dach płócienny, na którym z każdego boku czerniał napis wielkimi literami: „Saloon",[1] a pod spodem mniejszymi: „Brandy, whisky, dżin".

Jakim sposobem wóz ten przejechał w całości niebezpieczną pustynię między Clarcsville a Borowiną, jakim sposobem nie rozbili go stepowi awanturnicy, dlaczego Indianie, którzy wałęsają się małymi oddziałami, nieraz bardzo blisko od Clarcsville, nie zdjęli skalpu z głowy pana Grünmańskiego, to była jego tajemnica, dość, że przybył i tego samego dnia zaraz zaczął robić doskonałe interesa. Ale też tego samego dnia osadnicy poczęli się kłócić. Do tysięcznych sporów o działki, o narzędzia, o owce, o miejsca przy ogniskach, przybyły nader błahe powody. Oto w osadnikach obudził się jakiś zaściankowo-amerykański patriotyzm. Ci, co pochodzili ze stanów północnych, poczęli wychwalać dawne swe siedziby kosztem osad i osadników ze stron południowych i odwrotnie. Wówczas to można było usłyszeć ową północno-amerykańską polszczyznę, cerowaną angielskimi nićmi wszędzie, gdzie ją odłączenie od macierzystego kraju i przebywanie wśród obcych przedziurawiło.

— Bo co wy ta chwalita[2] swoje południowe kontry[3] — mówił parobczak spod Chicago. — U nas, w Illinois, gdzie spojrzysz, to

---
1 (ang.) — szynk.
2 chwalicie.
3 (z ang. *country*) — kraj.

je rajbrod,[1] a co karem[2] milkę ujedziesz, to *city*.[3] Pójdziesz na fermę, dom chcesz stawiać, to nie potrzebujesz lasu gryźć, kupisz *lumber*[4] i basta, a u was co?

— U nas jeden kanion[5] więcej wart niż całe twoje bloki.[6]

— A ty mnie, *goddam*,[7] czego tykasz? Tam byłem syr,[8] to i tu będę syr, a ty coś za jeden?

— Cicho, bo złapię szyngiels[9] albo ci łeb umoczę w kryku,[10] kiedy się sierdzisz.[11] Co ci za *business* do mnie?

— Czego mnie faliszujesz?[12] Kupię cię za bita![13]

*

W osadzie źle się po prostu działo, bo ta gromada przypominała gromadę owiec bez pastucha. Spory o działki stawały się coraz gwałtowniejsze. Przychodziło do bitew, w których towarzysze z jednych miast lub osad łączyli się przeciwko pochodzącym z innych. Doświadczeńsi, starsi i mędrsi zyskiwali wprawdzie z wolna powagę i władzę, ale nie zawsze mogli je utrzymać. W chwilach tylko niebezpieczeństw wspólny instynkt obrony kazał zapominać o kłótniach. Raz gdy wieczorem gromadka

---

1 (z ang. *ryebread*) — chleb żytni.
2 (z ang. *car*) — wóz, wagon kolejowy.
3 (ang.) — miasto.
4 (ang.) — tarcica; obrobione drzewo budulcowe.
5 głęboki wąwóz o stromych zboczach.
6 (z ang. *blocks*) — kloce, kłody.
7 (z ang. *goddamn*) — przekleństwo: cholera.
8 (z ang. *sir*) — pan.
9 (z ang. *shingle*) — gont, kij.
10 (z ang. *creek*) — potok, rzeczka.
11 gniewać się, złościć się.
12 (z ang. *foolish*) — uważać za głupiego.
13 (ang.) — kawałek, kęs; *kupić kogo za bita*: mieć kogo za nic.

włóczęgów indyjskich[1] ukradła kilkanaście owiec, rzucili się za nimi w pogoń hurmem i bez chwili namysłu. Owce odebrano, jednego czerwonoskórego zbito tak, że wkrótce umarł, i najlepsza zgoda panowała tego dnia, ale drugiego ranka znowu zaczęli się bić z sobą przy karczunku. Zgoda przychodziła także, gdy wieczorami grajek poczynał wygrywać nie do tańca, ale rozmaite pieśni, które każdy słyszał dawno, jeszcze pod słomianymi strzechami. Rozmowy wtedy cichły. Chłopi otaczali grajka wielkim kołem, szum boru wtórował mu, płomień w ogniskach sykał i strzelał skrami, oni zaś stojąc spuszczali chmurnie głowy i dusze z nich ulatywały za morze. Nieraz księżyc wytoczył się wysoko nad las, a oni jeszcze słuchali. Ale z wyjątkiem tych krótkich chwil rozprzęgało się wszystko coraz bardziej w osadzie. Bezład powiększał się, nurtowała nienawiść. To małe społeczeństwo, rzucone wśród lasów i prawie oderwane od reszty ludzi i opuszczone przez przewodników, nie mogło i nie umiało sobie dać rady.

Między osadnikami odnajdujemy dwie znane nam postacie: starego chłopa, nazwiskiem Wawrzon Toporek, i jego córkę Marysię. Dostawszy się do Arkansas mieli w Borowinie dzielić losy innych. Jakoż z początku lepiej się im działo. Co bór, to nie bruk nowojorski, a przy tym tam nie mieli nic, tu posiadali wóz, inwentarza trochę, nabytego tanio w Clarcsville, i trochę porządków do roli. Tam gryzła ich straszna tęsknota, tu praca ciężka nie pozwalała myśli od dnia dzisiejszego oderwać. Chłop od rana do wieczora bór ciął, wióry łupał i belki na chałupę obrabiał; dziewczyna musiała chusty w strumieniu prać, ogień

---

[1] tu: indiański.

rozniecać, jeść gotować; ale mimo znoju ruch i powietrze leśne zacierały stopniami na jej twarzy ślady choroby, jakiej nabyła przez nędzę w Nowym Jorku. Gorący powiew z Teksasu opalił i pokrył złotawym odblaskiem bladą jej twarzyczkę. Młodzi chłopcy z San Antonio i znad Wielkich Jezior, którzy o lada co przyskakiwali do siebie z pięściami, w tym tylko byli zgodni, że Marysi oczy tak patrzą spod jasnych włosów jak chaber z żyta i że to najładniejsza dziewczyna, jaką oko ludzkie oglądało.

Uroda Marysina wyszła na dobre i Wawrzonowi. Sam sobie szmat najrzadszego lasu wybrał i nikt mu się nie sprzeciwiał, bo wszyscy parobcy byli po jego stronie. Niejeden też mu w ścinaniu drzewa i obrabianiu belek albo w zakładaniu na zręby pomagał, a stary, że chytry był, poznał, co się święci, i od czasu do czasu odzywał się:

— Moja córuchna chodzi po łące kiejby lelija, kiejby pani, kiejby królewna. Komu zechcę, to ją dam, ale byle komu nie dam, bo ona je gospodarska córka. Kto mi się niżej pokłoni i lepiej wygodzi, temu dam, nie żadnemu powsinodze.

Kto więc jemu pomagał, myślał, że sobie pomaga.

Wawrzonowi więc było lepiej nawet niż innym, a w ogóle byłoby wcale dobrze, gdyby osada miała jaką przyszłość przed sobą. Ale tam rzeczy psowały[1] się z dnia na dzień. Ubiegł tydzień i drugi. Naokoło polanki zrąbano drzewo, ziemia pokryła się wiórami, tu i owdzie wznosiła się żółta ściana domostwa; to jednak, co zrobiono, było fraszką w porównaniu z tym, co należało zrobić. Zielona ściana boru z wolna tylko ustępowała przed siekierami. Ci, którzy się zagłębiali

---
1 psuć.

w chaszcze, przynosili dziwaczne wieści, że ten bór wcale końca nie ma, że dalej straszne w nim bagna, bajora i jakaś śpiąca woda pod drzewami, że jakieś dziwotwory tam mieszkają, jakieś opary na kształt duchów przesuwają się między gąszczami, jakieś węże syczą, jakieś głosy wołają: „Nie chodź!", jakieś krzaki niesamowite za ubranie łapią i nie puszczają. Pewien chłopak z Chicago dowodził, że widział diabła we własnej osobie, jak straszny, kudłaty łeb z błota podniósł i tak na niego chrapnął, iż ledwo do taboru uciekł. Osadnicy z Teksas tłumaczyli mu, że to musiał być bawół, ale on nie chciał wierzyć. Tak groźnemu położeniu grozy przesąd dodawał. W kilka dni po widzeniu diabła zdarzyło się, że dwóch zuchów w las poszło i więcej ich nie ujrzano. Kilku ludzi zachorowało na krzyże z wysilenia, a potem rzuciła się na nich febra. Kłótnie o działki wzrastały do tego stopnia, że do ran i krwi w bitwach przychodziło. Kto nie pocechował[1] bydła, temu inni własności zaprzeczali. Tabor rozprzągł się, rozstawiono wozy po wszystkich kątach polanki, by być od siebie jak najdalej. Nie wiadomo było, kto ma wychodzić na stróżę do bydła; owce poczęły ginąć. Tymczasem jedna rzecz stawała się coraz widoczniejszą, to, że nim słońce wzejdzie, rosa oczy wyje; nim zasiewy na rubieżach leśnych się zazielenią i dochówek jaki będzie, zapasów żywności zabraknie i przyjść może głód. Rozpacz ogarniała ludzi. Huk siekier w lesie się zmniejszał, bo cierpliwości i odwagi poczynało brakować. Każdyć by jeszcze pracował, gdyby mu kto powiedział: „Masz, dotąd twoje...". Ale

---

[1] naznaczyć własność znamieniem wypalanym zwierzętom na skórze tułowia.

nikt nie wiedział, co jego, co nie jego. Słuszne narzekania na przewodników wzrastały. Ludzie mówili, że na puszczę zostali wywiedzeni, by wyginęli marnie. Powoli, kto miał coś jeszcze grosza przy duszy, na wóz siadał i do Clarcsville odjeżdżał. Ale więcej było takich, którzy włożywszy ostatni grosz w sprawę, nie mieli o czym wracać do dawnych siedzib. Ci załamywali ręce, widząc zgubę pewną.

Siekiery przestały wreszcie rąbać, a bór szumiał, jakby się natrząsał z ludzkiej niemocy. „Rąb dwa lata, a potem z głodu zamrzyj" — mówił chłop do chłopa. A las szumiał, jakby się natrząsał.

Pewnego wieczora przyszedł Wawrzon do Marysi i rzekł:

— Widzęć, że wszyscy tu zmarnieją i my zmarniejemy.

— Wola Boga — odrzekła dziewczyna — ale był ci On nam miłosierny, to i teraz nas nie opuści.

Tak mówiąc, podnosiła niebieskie jak chaber oczy do góry ku gwiazdom i w blaskach ogniska wyglądała jak jaki obrazek kościelny.

A chłopaki z Chicago i strzelcy z Teksasu, patrząc na nią, mówili:

— I my nie opuściwa[1] cię, Marysiu, zorzo rumiana.

Ona pomyślała sobie, że jeden jest tylko taki, z którym by poszła na kraj świata, jeden Jaśko w Lipińcach. Ale ten, choć przyrzekł kaczorem morze za nią przepłynąć, ptakiem powietrze przelecieć, złotym pierścieniem po gościńcu się potoczyć, nie przepływał, nie przelatywał i ten jeden opuścił ją, niebogę.

---

1 opuścimy.

Marysia nie mogła nie wiedzieć, że w osadzie źle się dzieje, ale w takiej już była toni, z takich przepaści Bóg ją wydobył, taka jej dusza stała się jasna w niedoli, że ufności w pomoc niebieską nic jej nie mogło odebrać.

Zresztą wspomniała, że stary pan w Nowym Jorku, który im pomógł z nędzy wstać i tu się przedostać, dał jej swoją kartkę, rzekłszy, że gdy ją niedola przyciśnie, niech się do niego zgłosi, a on ją poratuje zawsze.

Tymczasem dla osady każdy dzień większą groźbę przynosił. Ludzie uciekali z niej nocami i co się tam z nimi działo, to już trudno powiedzieć. Wokoło las szumiał i natrząsał się.

Stary Wawrzon zachorował wreszcie z wysilenia. Ból jął mu po pacierzach chodzić. Dwa dni nie zważał na to, trzeciego nie mógł wstać. Dziewczyna poszła do lasu, nazbierała mchu, wysłała nim gotową ścianę domu, leżącą na murawie, położyła ojca na mchach i gotowała mu leki z wódką.

— Maryś! — mruczał chłop — już śmierć idzie do mnie przez bory; zostaniesz ty sama na świecie, sieroto. Bóg mnie karze za ciężkie grzechy moje, bom cię wyprowadził za morze i zgubił. Ciężkie będzie moje konanie...

— Tatulu! — odpowiadała dziewczyna — mnie by Bóg skarał, gdybym za wami nie była poszła.

— Bym cię jeno samej nie zostawił; gdybym cię do ślubu błogosławił, lepiej by było umierać. Maryś, weź ty Czarnego Orlika za męża, on jest chłop dobry, on cię nie opuści.

Czarny Orlik, niechybny myśliwiec z Teksasu, który to słyszał, zaraz rzucił się na kolana.

— Ojcze! pobłogosławta[1] — rzekł. — Miłuję ja tę dziewczynę jako dolę własną. Jać się z borem znam i zginąć jej nie dam.

Tak mówiąc patrzył sokolimi oczyma na Marysię jako na tęczę, ale ona, pochyliwszy się ku nogom starego, rzekła:

— Nie niewólcie mnie, tatulu! Komu ślubowałam, tego będę albo niczyja.

— Komuś ślubowała, tego nie będziesz, bo ja go zabiję. Moją musisz być albo niczyją — odpowiadał Orlik. — Zmarnieją tu wszyscy, zmarniejesz i ty, jeślić cię nie poratuję.

Czarny Orlik nie mylił się: osada marniała. Upłynął tydzień i drugi. Zapasy dobiegały końca. Zaczęto bić bydło przeznaczone na robotę. Febra rzucała się na coraz nowe ofiary, ludzie na puszczy zaczęli to przeklinać, to wołać wielkimi głosami do nieba o ratunek. Pewnej niedzieli starzy, parobki, kobiety i dzieci, wszyscy klękli na murawie i śpiewali suplikacje. Sto głosów powtarzało: „Święty Boże, Święty mocny, Święty a nieśmiertelny, zmiłuj się nad nami!". Bór przestał kołysać się, przestał szumieć i słuchał. Dopiero gdy pieśń ucichła, zaszumiał znowu, jakby mówił groźnie: „Jam tu król, jam tu pan, jam tu najmocniejszy".

Ale Czarny Orlik, który z borem się znał, utkwił weń czarne swe oczy, popatrzył nań dziwnie jakoś, potem rzekł głośno:

— Ano, to weźmiewa[2] się za bary.

Ludzie popatrzyli z kolei na Orlika i otucha jakaś wstąpiła im w serce. Ci, co go znali jeszcze z Teksasu, mieli do niego ufność wielką, bo to był myśliwiec nawet w Teksasie sławny. Chłop to

---

1 pobłogosławcie.
2 weźmiemy.

był istotnie w stepach zdziczały i silny jak dąb. Na niedźwiedzia w pojedynkę chodził. W Sant Antonio, gdzie przedtem mieszkał, wiedziano dobrze, że czasem, gdy wziąwszy karabin wyszedł na pustynię, to po parę miesięcy w domu go nie bywało, a zawsze wracał zdrów, cały. Przezywano go Czarnym, bo tak był opalony od słońca. Mówiono nawet o nim, że na granicy Meksyku rozbijał, ale to nie było prawdą. Przynosił tylko skóry, a czasem i skalpy indyjskie, dopóki mu za nie proboszcz miejscowy klątwą nie zagroził. Teraz w Borowinie on tylko o nic nie dbał i o nic się nie troszczył. Bór mu dawał jeść i pić, bór go odziewał. Gdy więc zaczęli ludzie uciekać i tracić głowy, on zaczął wszystko w ręce brać i rządzić się, jak szara gęś po niebie, mając za sobą wszystkich z Teksasu. Gdy się po suplikacjach na bór zawziął, ludzie pomyśleli sobie: „Przecie on coś wymyśli".

Tymczasem zachodziło słońce. Wysoko między czarnymi gałęziami hikor świeciła jeszcze czas jakiś jasność złota, potem sczerwieniała i gasła. Wiatr pociągał ku południowi, gdy się zmroczyło. Orlik wziął karabin i poszedł do lasu.

Noc już zapadła, gdy w czarnej dali leśnej ludzie ujrzeli niby wielką gwiazdę złotą, jakoby wschodzącą zorzę lub słońce, które rosło ze straszną szybkością, rozlewając krwawą i czerwoną jasność.

— Bór się pali! Bór się pali! — zaczęto wołać w taborze.

Chmary ptactwa podniosły się z łoskotem ze wszystkich stron lasu, krzycząc, kracząc, świergocąc. Bydło w obozie zaczęło ryczeć żałośnie, psy wyły, ludzie biegali przerażeni, nie wiedząc, czy nie na nich idzie pożoga, ale silny wiatr południowy mógł gnać płomienie tylko od polanki. Tymczasem w dali zabłysła druga czerwona gwiazda, potem trzecia. Obie wkrótce zlały się z pierwszą i pożar huczał na coraz większych przestrzeniach. Płomienie rozlewały się jak woda, biegły po suchych wiązaniach lianów i dzikiego wina, trzęsły liśćmi. Wicher wyrywał te płonące liście, niósł je jakby ptaki ogniste dalej i dalej.

Hikory pękały z hukiem armatnim w płomieniach. Czerwone węże ognia wiły się po smolnym podszyciu puszczy. Syczenie, szum, trzask gałęzi, głuche huczenie ognia, pomieszane z wrzaskiem ptactwa i rykiem zwierząt, napełniały powietrze. Niebotyczne drzewa chwiały się niby płomienne słupy i kolumny. Poprzepalane na skrętach liany odrywały się od drzew i kołysząc się strasznie niby jakieś szatańskie ramiona, podawały skry i ogień od drzewa do drzewa. Niebo zaczerwieniło się, jakby w nim drugi był pożar. Zrobiło się widno jak w dzień. Potem wszystkie płomienie zlały się w jedno morze ognia i szły przez las jakby tchnienie śmierci lub gniew boży.

Dym, upał i woń spalenizny napełniły powietrze. Ludzie w taborze, choć im nie groziło niebezpieczeństwo, zaczęli krzyczeć i nawoływać się wzajemnie, gdy nagle od strony pożaru pokazał się w skrach i blasku Czarny Orlik.

Twarz miał okopconą dymem i groźną. Gdy go otoczono kołem, oparł się o karabin i rzekł:

— Nie będziecie karczowali. Spaliłem bór. Jutro będziecie mieli z tej strony pola, ile kto strzyma.

Potem zbliżywszy się do Marysi, rzekł:

— Musisz być moją, jakom jest ten, który spalił bór. Kto tu ode mnie mocniejszy?

Dziewczyna zaczęła drżeć na całym ciele, bo łuna świeciła w oczach Orlika i cały wydał jej się strasznym.

Pierwszy raz od chwili przyjazdu dziękowała Bogu, że Jaśko był daleko, w Lipińcach.

Pożoga tymczasem hucząc odchodziła dalej a dalej; dzień zrobił się chmurny i groził deszczem. Świtaniem niektórzy ludzie poszli obejrzeć zgliszcza, ale niepodobna było zbliżyć się od gorąca.

Drugiego dnia śreżoga[1] na kształt mgły zawisła w powietrzu, tak że człowiek człowieka o kilkanaście kroków nie mógł odróżnić. W nocy zaczął padać deszcz, który wkrótce przeszedł w straszliwą ulewę. Być może, że pożar, wstrząsnąwszy atmosferą, przyczynił się do spędzenia chmur, ale prócz tego była to pora wiosenna, w czasie której na dalszym biegu Missisipi tudzież w widłach rzeki Arkansas i Czerwonej padają zwykle ogromne deszcze. Przyczynia się do tego i parowanie wód, które w Arkansas, pokrywając w kształcie błot, małych jezior i strumieni kraj cały, zwiększają się na wiosnę z powodu topnienia śniegów w dalekich górach. Cała polanka rozmiękła i zmieniła się stopniowo w wielką sadzawkę. Ludzie, moknąc po całych dniach, zaczęli chorować. Niektórzy znów opuścili osadę, pragnąc się dostać do Clarcsville, ale powrócili wkrótce, przywożąc wieść, że rzeka wezbrała i że przejazd jest niepodobny. Położenie stawało się straszne, bo od przybycia osadników kończył się już miesiąc, zapasy mogły się

---
1 zapylenie, zadymienie powietrza, zaciemniające niebo.

wyczerpać, a dostać nowych z Clarcsville było niepodobieństwem. Wawrzonowi tylko i Marysi mniej groził głód niż innym, czuwała bowiem nad nimi potężna ręka Czarnego Orlika. Co dzień rano przynosił im zwierzynę, którą albo strzelał, albo łapał we wnyki; na ścianie domu, na której leżał Wawrzon, Orlik ustawił swój namiot, by starego i Marysię od deszczu zabezpieczyć. Trzeba było przyjąć tę jego pomoc, którą prawie narzucał, i zobowiązać się do wdzięczności, bo zapłaty wziąć nie chciał, jeno ręki Marysinej żądał.

— Czy to ja jedna w świecie? — wypraszała się dziewczyna. — Idź, inszej sobie poszukaj, jako i ja miłuję innego.

— Choćbym kraj świata schodził, drugiej takiej nie znajdę. Tyś mi jedna na świecie i musisz być moją. Co zrobisz, jak ci stary zamrze? Przyjdziesz do mnie, przyjdziesz sama, a ja cię wezmę jak wilk jagnię, w lasy zaniosę, aleć nie pożrę. Tyś moja! tyś jedyna! Kto mi cię zaprzeczy? Kogo ja się tu boję? Niech przyjeżdża twój Jaśko: chcę tego!

Co do Wawrzona, Orlik zdawał się mieć słuszność. Stary chorzał coraz bardziej, chwilami dostawał gorączki, mówił o grzechach swoich, o Lipińcach i o tym, że mu Bóg nie pozwolił ich zobaczyć. Marysia łzy lała i nad nim, i nad sobą. To, że jej Orlik obiecywał, iż byle mu ślubowała, to wróci z nią choćby do Lipiniec, było dla niej goryczą, nie pociechą. Wrócić do Lipiniec, gdzie był Jaśko i wrócić cudzą — za nic! Lepiej tu umrzeć pod pierwszym lepszym drzewem. Myślała, że tak skończy.

Tymczasem nowy dopust miał spaść na osadę.

Deszcz lał coraz większy. Pewnej głuchej nocy, gdy Orlik

poszedł jak zwykle do boru, w taborze rozległ się krzyk przeraźliwy:

— Woda! woda!

Gdy ludzie przetarli ze snu oczy, ujrzeli w ciemności, jak okiem sięgnąć, jedną białą płaszczyznę, pluskającą pod deszczem i kołysaną wiatrem. Rozpierzchłe i przyćmione światło nocy połyskiwało stalowo na załamaniach i zmarszczkach fali. Od strony brzegu, gdzie sterczały pniaki, i od spalonego lasu słychać było szum i chlupotanie nowych fal płynących jakoby z pędem wielkim.

Krzyk powstał w całym obozie. Kobiety i dzieci zaczęły się chronić na wozy, mężczyźni biegli co sił na zachodnią stronę polanki, gdzie drzewa nie były wycięte. Woda dochodziła im zaledwie do kolan, ale wzbierała szybko. Szum od strony lasu powiększał się i mieszał z okrzykami trwogi, z nawoływaniem imion i prośbami o ratunek. Wkrótce większe zwierzęta zaczęły cofać się przed parciem fali z miejsca na miejsce. Znać było, że gwałtowność prądu zwiększa się. Owce spłynęły i żałosnym beczeniem wzywały na pomoc, póki nie znikły, niesione w stronę drzew. Deszcz lał jak z cebra i każda minuta stawała się coraz straszliwszą. Daleki szum zmienił się w ogromny gwar i huk rozwścieczonych fal. Wozy zaczęły drżeć pod ich uderzeniem. Znać było, że to nie zwykły zalew deszczowy, ale że rzeka Arkansas i wszystkie jej dopływy musiały wylać. Była to topiel, rwanie drzew z korzeniami, łamanie lasów, groza, rozpętanie się żywiołów, ciemność, śmierć.

Jeden z wozów stojących najbliżej spalonego lasu przewrócił się. Na rozdzierający krzyk: „Ratunku!" zamkniętych w nim kobiet, kilka ciemnych postaci męskich rzuciło się z drzew, ale fala porwała ratujących, okręciła i poniosła w las na zgubę. Na innych wozach chroniono się na płócienne dachy. Deszcz szumiał coraz większy, coraz większa ciemność padała na tę mroczną łąkę. Chwilami belka jaka z uczepioną ludzką postacią przemknęła, rzucana w górę i na dół, chwilami ciemny kształt zwierzęcia lub człowieka, czasem ręka wysunęła się z wody i zapadła w nią na zawsze.

Coraz wścieklejszy huk wód zgłuszył wszystko: i ryki tonących zwierząt, i wołania: „Jezu! Jezu! Maria!". Na łące potworzyły się wiry i koliska, wozy nikły...

A Wawrzon i Marysia? Ta ściana domu, na której stary chłop leżał pod Orlikowym namiotem, uratowała ich na razie, bo spłynęła jak tratwa. Fala okręciła ją wokoło całej polanki i poniosła w stronę lasu, tam uderzyła nią o jedno drzewo, o drugie i wepchnąwszy wreszcie w łożysko strumienia, poniosła w dal i ciemność.

Dziewczyna klęczała przy starym ojcu, podnosiła ręce do nieba, wzywając je na ratunek; ale odpowiadały jej tylko uderzenia fali dżdżystej, gnanej wiatrem...

Namiot zerwało... a i sama tratwa mogła rozbić się co chwila, bo i przed nią, i za nią płynęły pnie powyrywanych drzew, które mogły ją zgnieść lub podważyć.

Na koniec wpadła między gałęzie jakiegoś drzewa, którego czub było tylko widać z wody, ale w tej samej chwili z owego czuba doszedł głos ludzki:

— Weź karabin i przejdźcie na drugą stronę, by się tratwa nie przechyliła, jak zeskoczę...

Zaledwie oboje z Wawrzonem uczynili to, co im kazano, jakaś postać skoczyła z gałęzi na tratwę.

Był to Orlik.

— Maryś — rzekł — jakom ci powiedział, tak cię nie opuszczę. Boga mi! Ja was i z tej toni wyprowadzę.

Toporkiem, który miał przy sobie, uciął prostą gałąź z drzewa, obrobił ją w mgnieniu oka, potem wypchnął tratwę z gałęzi i począł wiosłować.

Wydostawszy się na właściwe łożysko strumienia, płynęli z szybkością błyskawicy. Gdzie? nie wiedzieli, ale płynęli. Orlik od czasu do czasu odpychał pnie, gałęzie lub wykręcał tratwę, by omijać drzewo stojące. Olbrzymie siły jego zdawały się podwajać. Oko pomimo ciemności odkrywało każde niebezpieczeństwo. Upływała godzina za godziną. Każdy inny byłby padł ze zmęczenia, po nim nawet znać trudu nie było.

Nad samym rankiem wydostali się z lasów, bo żadnego wierzchołka drzewa nie było widać na widnokręgu. Za to cała okolica wyglądała jak jedno morze. Potworne skręty żółtej i spienionej wody zataczały się z rykiem po pustej płaszczyźnie. Tymczasem dniało coraz więcej. Orlik, widząc, że żadnego pnia w pobliżu nie ma, przestał na chwilę wiosłować i odwrócił się do Marysi:

— Mojaś ty teraz, bom cię śmierci wydarł.

Głowa jego była odkryta, a twarz mokra i zarumieniona znojem, zagrzana walką z powodzią, miała taki wyraz siły, że Marysia po raz pierwszy nie śmiała mu odpowiedzieć, że innemu ślubowała.

— Maryś! — rzekł chłopak miękko. — Maryś serdeczna!

— Dokąd płyniemy? — spytała, chcąc zmienić rozmowę.

— Co mi tam! Byle z tobą... umiłowana...

— Wiosłuj, dopóki śmierć przed nami.

Orlik począł znowu wiosłować. Tymczasem Wawrzon czuł się gorzej i gorzej. Chwilami miał gorączkę, chwilami opuszczała go, ale słabnął. Za dużo już było cierpień na jego stare, sterane ciało. Zbliżał się kres i uspokojenie wielkie, ulga wieczysta. W samo południe obudził się i rzekł:

— Maryś! Już ja jutra nie doczekam. Oj! dziewczyno, dziewczyno! Bogdajbym nie był z Lipiniec wyjeżdżał i ciebie nie wywoził. Ale Bóg miłosierny! Nacierpiałem się niemało, to mi odpuści grzechy moje. Mnie pochowajta,[1] jeśli będzieta mogli; a ciebie niech Orlik do starego pana do Nowego Jorku odprowadzi. To dobry pan, on zlituje się nad tobą i na drogę ci da, i wrócisz do Lipiniec. Ja już nie wrócę. O Boże, Boże miłosierny, pozwólże duszy mojej jakby ptakowi tam polecieć i choćby zobaczyć!

Tu gorączka go ogarnęła i począł mówić: „Pod Twoją obronę uciekamy się, Święta Boża Rodzicielko!". Nagle krzyknął: „Nie wrzucajta mnie w wodę, bom nie pies"; a potem widocznie przypomniało mu się, jak chciał Marysię z nędzy topić, bo znowu wołał: „Dziecko, odpuść! odpuść!".

Ona biedaczka leżała u wezgłowia ze łkaniem... Orlik wiosłował i łzy dusiły go za gardło...

Wieczorem wypogodziło się. Słońce w chwili zachodu pokazało się nad zalaną okolicą i odbiło się w wodzie długą, złocistą taśmą. Stary zaczął konać. Bóg jednak zmiłował się nad nim

---

1 pochowajcie.

i dał mu śmierć pogodną. Z początku powtarzał żałosnym głosem: „Odjechałem od Polski, od tamtej ziemi", ale potem w obłędzie gorączki zdało mu się, że do niej wracał. Ot, widzi mu się, że stary pan z Nowego Jorku dał na drogę i na odkupno kolonii, więc oboje z Marysią jadą z powrotem. Są na oceanie, okręt płynie dzień i noc, majtkowie śpiewają. Potem widzi ten port w Hamburgu, z którego wyjechał, miasta różne migają mu w oczach, mowa niemiecka brzmi naokoło, ale pociąg leci naprzód, więc Wawrzon czuje, że coraz bliżej jest domu, jakaś radość rozdyma mu piersi, jakieś powietrze inne, kochane zalatuje go od stron rodzinnych... Co to? Granica. Biedne chłopskie serce bije jak młotem... Jedźcie dalej! Boże, Boże! a to już i pola, i grusze Maćkowe... ich chałupy szare i kościoły. Tam chłop w baraniej czapce chodzi za pługiem. On ręce do niego z wagonu wyciąga. Gospodarzu, gospodarzu!... mówić nie może. Jadą dalej. A tam co? Miasto Przyręble, a za Przyręblami Lipińce. Idą oboje z Marysią drogą i płaczą. Jest wiosna. Zboże kwitnie... chrabąszcze brzęczą w powietrzu... w Przyręblach dzwonią na Anioł Pański... Jezu! Jezu! za co tyle szczęścia jemu grzesznemu? Jeszcze przez tę górkę, a tam już krzyż i drogoskaz,[1] i lipiniecka granica. Już nie idą, ale... lecą jakby na skrzydłach, już są na górce, przy krzyżu, przy drogoskazie. Chłop rzuca się na ziemię i ryczy ze szczęścia, i ziemię całuje, i czołgając się do krzyża, obejmuje go rękoma: już jest w Lipińcach. Tak jest. On już w Lipińcach, bo tylko martwe jego ciało spoczywa na zabłąkanej wśród powodzi tratwie, a dusza poleciała tam, gdzie jej szczęście i spokój.

---
1 dziś popr.: drogowskaz.

Próżno dziewczyna zawodzi nad nim: „Tatulu, tatulu!". Biedna Marysiu, nie wróci on do ciebie! Jemu za dobrze w Lipińcach.

Nadeszła noc. Orlikowi wypadała już tyczka z ręki od wiosłowania i głód dokuczał. Marysia klęcząc nad ciałem ojca odmawiała przerywanym głosem pacierze, naokół aż do ostatnich krańców horyzontu widać było tylko topiel wodną.

Wpłynęli w łożysko jakiejś większej rzeki, bo prąd znowu szybko unosił tratwę. Niepodobna było nią kierować. Może to jednak były i wiry kręcące się nad wklęśnięciami stepu, bo często niosło ich kołem. Orlik czuł, że go siły opuszczają, gdy nagle zerwał się na równe nogi i krzyknął:

— Na rany Chrystusa! Tam światło!

Marysia spojrzała w kierunku, w którym wyciągał rękę. Istotnie na dalekości błyskał jakoby ogieniek, z którego smuga odbijała się w wodzie.

— To łódź z Clarcsville! — mówił szybko Orlik. — Jankesy [1] wysłali ją na ratunek. Byle nas nie minęli... Maryś, uratuję cię. Hoop! hoop!

Jednocześnie wiosłował z największym wysileniem. Jakoż ogień rósł im w oczach, a w czerwonym jego świetle zarysowało się coś, jakby wielka łódź. Była jeszcze bardzo daleko, ale zbliżali się. Po niejakim jednak czasie Orlik ujrzał, że łódź nie posuwa się naprzód.

Wpłynęli na wielki i szeroki prąd, idący w stronę przeciwną statku.

Nagle tyczka pękła z natężenia w Orlikowym ręku. Byli bez wiosła. Prąd odnosił ich coraz dalej, światło zmniejszało się. Na

---

1 (ang. *Yankee*) — pot. Amerykanin.

szczęście, tratwa po kwadransie trafiła na drzewo, stojące samotnie na stepie i uwięzła w jego gałęziach. Zaczęli oboje wzywać krzykami pomocy, ale szum prądu głuszył ich głosy.

— Strzelę — rzekł Orlik — światło zobaczą, huk usłyszą.

Ledwie pomyślał, już podniósł w górę lufę karabinu, ale zamiast strzału, dało się słyszeć głuche klapnięcie kurka o panewkę. Proch zamókł.

Orlik rzucił się na tratwę jak długi. Nie było rady. Przez chwilę leżał martwy; na koniec podniósł się i mówił:

— Maryś... Inną dziewkę dawno bym ja wolą niewolą wziął i w lasy poniósł. Myślałem i z tobą tak zrobić, alem nie śmiał, bom cię umiłował. Chodziłem jak wilk sam po świecie i ludziska się mnie bali, a ja się ciebie zląkłem, i ot, Maryś, tyś mi chyba zadała co... Ale nie maszże[1] ty mnie poślubić: lepsza śmierć! Wyratuję cię albo zginę; ale jeśli zginę, ty mnie, serdeczna, pożałuj i pacierz za mnie zmów. Com ci przewinił?... Krzywdym ci nie zrobił. Ej! Maryś, Maryś, bądź zdrowa, kochanie moje, słońce moje...

I nim się zmiarkowała, co chce czynić, rzucił się na wodę i począł płynąć. Przez chwilę widziała w ciemności jego głowę i ramiona prujące wodę mimo prądu, bo pływak był dzielny. Ale wkrótce zniknął jej z oczu. Płynął do łodzi po ratunek dla niej. Wartki pęd wody hamował jego ruchy, jakby go coś w tył ciągnęło, wydzierał się i zdążał naprzód. Gdyby mógł wyminąć ten prąd, gdyby trafił na jaki inny, dopłynąłby z pewnością. Tymczasem mimo nadludzkich usiłowań, z wolna tylko mógł

---
1 konstrukcja z partykułą wzmacniającą -że.

się posuwać. Gęste, żółtawe wody rzucały mu częstokroć pianę w oczy, więc wznosił głowę, nabierał oddechu i wzrok wytężał w ciemność, by dojrzeć, gdzie łódź ze światłem. Czasem gwałtowniejsza fala cofnęła go, czasem uniosła w górę; oddychał coraz trudniej, czuł, że kolana mu tężeją. Pomyślał: „Nie dopłynę", ale wtem szepnęło mu coś w ucho, jakby kochany głos Marysi: „Ratuj mnie!", i znowu jął rozpaczliwie rozcinać wodę rękoma. Policzki jego wydymały się, usta wyrzucały wodę, oczy wychodziły na wierzch... Gdyby wrócił, jeszcze by z prądem dopłynął do tratwy, ale on nawet o tym nie myślał, bo światło łodzi było bliżej i bliżej. Istotnie i łódź popłynęła ku niemu, niesiona tym samym prądem, z którym on walczył. Nagle uczuł, że kolana i nogi zesztywniały mu zupełnie. Jeszcze kilka rozpaczliwych wysileń... łódź coraz bliżej... „Pomocy! ratunku!...". Ostatni wyraz stłumiła woda, która zalała mu gardło. Zanurzył się. Fala przeszła nad jego głową, ale wypłynął znowu. Łódź tuż, tuż. Słyszy już plusk i chrobotanie wioseł o boki statku: ostatni raz natęża głos i wzywa pomocy. Dosłyszano go, bo plusk stał się szybszy. Ale Orlik zanurzył się znowu. Porwał go potworny wir... Przez chwilę jeszcze zaczerniał na fali, potem jedna tylko jego ręka wzniosła się nad wodę, potem druga, a potem zniknął w topieli...

Tymczasem Marysia sama na tratwie, tylko z trupem ojca, patrzyła jak błędna w dalekie światło.

Ale prąd niósł je ku niej. Zarysowała się łódź o kilkunastu wiosłach, które przy blasku ognia poruszały się jak czerwone nogi jakiegoś wielkiego robaka. Marysia poczęła krzyczeć rozpaczliwie.

— Hej, Smith! — ozwał się po angielsku jakiś głos. — Niech mnie powieszą, jeśli nie słyszałem wołania o pomoc i jeśli nie słyszę znowu.

Za chwilę silne ręce przeniosły Marysię do czółna, ale Orlika w tym czółnie nie było.

W dwa miesiące potem Marysia wyszła ze szpitala w Little Rock i za pieniądze zebrane przez dobrych ludzi pojechała do Nowego Jorku.

A pieniędzy tych nie było dość. Część drogi musiałaby robić piechotą, jednakże mówiąc już trochę po angielsku, umiała wyprosić sobie u konduktorów, że ją zabierali darmo. Wielu ludzi miało litość nad tą biedną, schorowaną, sczerniałą dziewczyną, o wielkich niebieskich oczach, podobniejszą do cienia niż do człowieka i żebrzącą łzami o miłosierdzie. Nie ludzie też znęcali się nad nią, ale życie i jego warunki. Co w tym amerykańskim wirze i w tym olbrzymim *businessie* miał robić ten polny kwiatek lipiniecki? Jak sobie radzić? Wóz też tamtejszy musiał przejechać przez nią i zgnieść jej wątłe ciało, jak każdy wóz przejeżdża po kwiatach, co na jego drogę padły...

Wychudła, drżąca z osłabienia ręka targnęła za dzwonek przy Waterstreet w Nowym Jorku. To Marysia szła szukać pomocy u starego pana, rodem spod Poznania.

Otworzył jej obcy jakiś, nieznany człowiek.

— *Mister*[1] Złotopolski w domu?

— Kto to jest?

— Wiekowy pan — tu pokazała kartkę.

— Umarł.

---

1 (ang.) — pan.

— Umarł? A syn?... Pan Wiliam?
— Wyjechał.
— A panna Joanna?
— Wyjechała.

Drzwi zamknęły się przed nią. Siadła na progu i zaczęła sobie twarz ocierać. Była znowu w Nowym Jorku, sama, bez pomocy, bez opieki, bez pieniędzy, na woli bożej.

Czy tam zostanie? Nigdy! Pójdzie oto do portu, do niemieckich doków podejmować pod nogi kapitanów i prosić, by ją zabrali, a jeśli się zmiłują, to o żebranym chlebie przejdzie Niemcy i wróci do Lipiniec. Tam jej Jaśko. Ona prócz niego nie ma już nikogo na szerokim świecie. Jeśli on jej nie przygarnie, jeśli zapomniał, jeśli odepchnie, to chociaż umrze blisko niego.

Poszła do portu i czołgała się u nóg niemieckich kapitanów... Oni by ją zabrali; bo gdyby się tylko trochę odżywiła, byłaby z niej ładna dziewczyna. Oni by radzi, ale cóż? Prawa nie pozwalają... zresztą zgorszenie... Niech więc im da pokój.

Dziewczyna chodziła sypiać na ten sam pomost, na którym już spali z ojcem owej pamiętnej nocy, gdy ją chciał topić. Żywiła się tym, co wyrzucała woda, jako się w Nowym Jorku z ojcem żywili. Szczęściem, lato było... ciepło...

Co dzień, ledwie rozedniało, już była przy niemieckich dokach żebrać łaski i co dzień na próżno. Ale miała wytrwałość chłopską. Tymczasem siły ją opuszczały. Czuła, że jeśli zaraz nie pojedzie, to niedługo umrze, jak pomarli wszyscy, z którymi ją dola wiązała.

Pewnego poranku przywlokła się z wysileniem i z tą myślą, że to chyba już ostatni raz, bo jutro sił nie starczy. Postanowiła nie prosić, jeno dostać się na pierwszy lepszy statek odchodzący do Europy i schować się gdzieś na dnie cichutko. Gdy już wypłyną i znajdą ją, przecież ją w wodę nie wrzucą, a wrzucą, to i cóż? Jedno jej, jak umierać, jeśli umierać trzeba. Ale przy mostku, prowadzącym na okręt, pilnowano dobrze wchodzących i strażnik odepchnął ją przy pierwszej próbie. Siadła tedy na palu przy wodzie i pomyślała sobie, że ją chyba gorączka chwyta. Jakoż zaczęła się uśmiechać i mruczeć:

— Jać dziedziczka, Jaśku, alem ci wiary dochowała. Cóż, ty mnie nie znasz?

Biedaczka dostała nie gorączki, ale obłąkania. Odtąd przychodziła codziennie do portu wyglądać Jaśka. Ludzie przyzwyczaili się do niej i obdarzali czasem jałmużną. Ona dziękowała pokornie, uśmiechając się jak dziecko. Trwało tak ze dwa miesiące. Pewnego jednak razu nie przyszła do portu i odtąd nie widziano jej więcej. Gazeta tylko policyjna doniosła dnia następnego, że na samym krańcu portu znaleziono ciało zmarłej dziewczyny niewiadomego nazwiska i pochodzenia.

Also Available from JiaHu Books

Przedwiośnie
Potop. Tomy 1-3
Chłopy
Ziemia obiecana
Rok 1794. Tomy 1-3
Faraon
Bunt
Ludzie bezdomni
Wampir
Quo vadis?
Pan Taduesz
Na wzgórzu róż
Kariera Nikodema Dyzmy
Utwory wybrane – Maria Konopnicka
Zemsta
Osudy dobrého vojáka Švejka za světové války
Válka s molky
R.U.R.
Hordubal
Krakatit
Továrna na absolutno
Povětroň
Obyčejný život
Babička
Hiša Marije Pomočnice
Judita
Dundo Maroje
Suze sina razmetnoga
Az arany ember
Szigeti veszedelem

www.ingramcontent.com/pod-product-compliance
Lightning Source LLC
Chambersburg PA
CBHW031411040426
42444CB00005B/524